ZHONGGUO SHENGTAI NONGCHANG
FAZHAN YANJIU BAOGAO

中国生态农场
发展研究报告

高尚宾　徐志宇　乔玉辉　编著

中国农业出版社

北　京

图书在版编目（CIP）数据

中国生态农场发展研究报告／高尚宾，徐志宇，乔玉辉编著．—北京：中国农业出版社，2022.12
ISBN 978-7-109-30282-2

Ⅰ.①中… Ⅱ.①高…②徐…③乔… Ⅲ.①生态农业-农业发展-研究报告-中国 Ⅳ.①F323.2

中国版本图书馆CIP数据核字（2022）第227258号

中国农业出版社出版
地址：北京市朝阳区麦子店街18号楼
邮编：100125
责任编辑：刁乾超 文字编辑：黄璟冰
版式设计：李 文 责任校对：吴丽婷 责任印制：王 宏
印刷：北京缤索印刷有限公司
版次：2022年12月第1版
印次：2022年12月北京第1次印刷
发行：新华书店北京发行所
开本：787mm×1092mm 1/16
印张：8.5
字数：190千字
定价：68.00元

编 委 会

编委会

主　　任　闫　成　　高尚宾　　付长亮

副主任　徐志宇　　谢驾阳　　张　俊

编写组

主　　编　高尚宾　　徐志宇　　乔玉辉

副主编　胡潇方　　杨　勇　　薛颖昊

编　　者　(按姓氏笔画排序)

王玉娟　　王思楚　　文北若　　乔玉辉　　任雅薇　　孙元丰

孙仁华　　李欣欣　　李晓阳　　李朝婷　　杨　勇　　杨午滕

宋成军　　张霁萱　　陈旭蕾　　居学海　　胡潇方　　徐志宇

高尚宾　　焦明会　　甄华杨　　薛颖昊

前 言
Preface

党的十八大以来，我国高度重视农业绿色发展，加强顶层设计，创新体制机制，推进农业发展方式绿色转型。农业绿色发展取得积极成效，农业资源得到有效保护，农业面源污染得到有效遏制，农业生态系统得到有效修复，绿色低碳产业链条加快构建，农业绿色发展水平稳步提升达到新的高度，为保障国家粮食安全、生态安全和乡村振兴提供了重要基础支撑。

发展生态农业是推动农业绿色转型、落实乡村生态振兴政策要求的有效做法。我国自20世纪80年代开始生态农业的研究与实践探索。经过40年发展，推动建设现代生态循环农业示范省3个、循环农业示范市10个、国家级生态农业示范县101个，打造以浙江安吉余村、北京大兴留民营村等为代表的一批生态循环农业示范村，建成一批涵盖不同主导产业类型的现代生态农业基地，初步形成省、市、县、乡（村）、基地五级现代生态农业示范带动体系。近年来，随着我国经济社会发展和生态文明建设不断深化，城乡居民消费水平逐步提高，人们对优质、多样农产品的需求愈发强烈，对生态产品的认可程度有所提高。全国各地涌现出了一批自主应用现代生态农业及信息化技术的市场化产业主体，其发展思路、经营模式、主要做法都具有鲜明新特点。

2016年以来，农业农村部农业生态与资源保护总站、中国农业生态环境保护协会联合相关科研教学单位，开展了系统调研和系列研讨交流，较为全面掌握了我国生态友好型农场发展的基本情况；编制发布了《生态农场评价技术规范》（NY/T 3667—2020），明确定义了生态农场：依据生态学原理，遵循"整体、协调、循环、再生、多样"原则，通过整体设计和合理建设，采用一系列可持续的农业技术，将生物与生物以及生物与环境间的物质循环和能量转化相关联，对农业生物-农业环境系统进行科学合理的组合与管理，以获得最大可持续产量，同时达到资源匹配、环境友好、食品安全的农场。

2021年，农业农村部农业生态与资源保护总站联合中国农业生态环境保护协会启动了生态农场评价试点工作。同时，推动将生态农场写入《"十四五"推进农业农村现代化规划》《"十四五"全国农业绿色发展规划》《"十四五"循环经济发展规划》等。2022年，农业农村部办公厅印发《推进生态农场建设的指导意见》。意见提出，到2025年，通过科学评价、跟踪监测和指导服务，在全国建设1 000家国家级生态农场，带动各省建设10 000家地方生态农场，遴选培育现代高效生态农业市场主体，总结推广生态农业建设技术模式，探索构建生态农业发展扶持政策，持续增加绿色优质农产品供给，不断提高农业质量效益和竞争力，让生态农场建设成为推动农业生产"三品一标"的重要平台和有力抓手。

在近年来的工作基础上，为全面推进生态农场建设工作，我们从公众关注、发展情况、技术体系、市场分析等方面对我国生态农场发展情况进行了进一步深入研究。本书第一章介绍了我国生态农场概念、发展背景与必要性，对我国生态农业发展进行舆情分析，阐述新时代建设生态农场的意义。第二章对国内外生态农场发展现状进行介绍。第三章和第四章介绍了生态农场生产技术体系、生态农场评价体系与实践情况。第五章至第七章对我国生态农场产业市场进行分析与预测，讨论生态农场发展所面临的挑战与机遇，并提出发展对策建议。第八章介绍我国生态农场典型案例。

本书可供从事生态农业的研究者、技术推广人员和广大生态农场主参考使用。由于编者水平所限，本书还有很多不足之处，请广大读者批评指正。

编　者

2022年9月

目 录
Contents

第1章

从生态农业到生态农场

1.1 生态农场核心概念

农业生态学（agroecology）既是一门科学，也是一场社会运动和一种实践。农业生态学最初的研究范围为田间/地块，后来扩展到农业生态系统，目前又扩展到整个农业食物体系，包括整个农业供应链。生态农业（ecological agriculture）是农业生态学思想指导下的农业实践和农业经济活动，强调农业生态系统的整体设计，既吸收传统农业精华，又利用现代科学技术装备和管理经营方式，是绿色高效、因地制宜、合理组织农业生产、生活的优化农业体系。

农场（farm）是以种植业和养殖业为主，经营各种农产品的生产主体，有较为明确的空间边界。家庭农场（household farm）是以家庭成员为主要劳动力，从事农业规模化、集约化、商品化生产经营，并以农业收入为家庭主要收入来源的农业经营方式，是我国农业现代化转型的重要组织形式之一。

生态农场（ecological farm）是依据生态学原理，遵循"整体、协调、循环、再生、多样"原则，通过整体设计和合理建设，采用一系列可持续的农业技术，对农业生物－农业环境系统进行科学合理的组合与管理，以获得最大可持续产量，同时成为资源匹配、环境友好、食品安全的农场。生态农场是生态农业的具体实践单元，是生态农业发展的重要载体，在地理区位、经济属性和经营主体等方面均有具体指向。

农场生态用地（ecological area on farm）是农场内非主产作物类的植物覆盖区域，包括但不限于草本和木本植物覆盖区、田埂、渠道边缘及农田周边的绿化等区域。

1.2 发展背景与必要性

1.2.1 发展背景

我国自20世纪80年代起，便注重生态农业的建设与探索，引导生态农业示范县与示范点的发展。近年来，随着生态文明建设的推进，各地加大了生态农业的发展力度，已基本形成了省（自治区、直辖市）、市（县）、乡、村、基地的多等级生态循环农业典型带动体系。进入21世纪，国家着力培育各类新型农业生产经营主体和服务主体，农民专业合作社、家庭农场、龙头企业等大量涌现。特别是2012年前后，新型土地经营主体——家庭农场在国内各地广泛兴起。2013年中央一号文件《中共中央 国务院关于加快发展现代农业进一步增强农村发展活力的若干意见》指出："坚持依法自愿有偿原则，引导农村土地承包经营权有序流转，鼓励和支持承包土地向专业大户、家庭农场、农民合作社流转，发展多种形式的适度规模经营。"极大地促进了各地家庭农场的发展。

截至2018年年底，全国农民专业合作社注册数量217万个，家庭农场数量超过87.7万户，进入农业农村部门名录的家庭农场达到60万家（其中，各级示范家庭农场8.3万家），经营土地面积达1.62亿亩，全国家庭农场年销售农产品总值1 946亿元，平均每个家庭农场30多万元。目前，家庭农场经营范围逐步走向多元化，从种养结合到一二三产业融合发展，数量和质量均不断提升。2019年，农业农村部发布、推介的全国第一批26个典型家庭农场，普遍采用了生态友好型技术，打造生态种养、绿色循环、农旅结合等生态农业新模式，兼顾农业生产、农村生活、地力维持与生态环境保护。家庭农场等新型农业经营主体已成为我国农业高质量绿色发展的重要支撑力量，以生态农业理念为支撑的新型农业经营主体有望成为构建生态农场的过渡与桥梁，生态农场正在成为我国发展生态农业的有力抓手和重要力量。

1.2.2　必要性分析

（1）实现乡村振兴的迫切需要。2017年，党的十九大提出实施"乡村振兴战略""可持续发展战略"，并提出了"产业兴旺、生态宜居、乡风文明、治理有效、生活富裕"的乡村振兴总要求，明确要求坚持农业农村优先发展，推进绿色发展。2018年全国两会期间，习近平总书记提出要推动乡村产业振兴、人才振兴、文化振兴、生态振兴和组织振兴。产业兴旺是乡村振兴的基础，生态宜居是生态振兴的关键。生态农业兼具了推动农村经济发展和生态环境保护的功能。可通过培育生态农场、生态农庄等新型农业经营主体和服务主体，发展高质量生态农业，减轻农业对生态环境的压力，同时培养一批高素质生态农民，推进农村一二三产业融合，夯实乡村全面振兴的基础。

（2）促进农业转型的迫切需要。目前，国内农业发展面临的资源、生态、环境问题十分突出，并已对农业的可持续发展构成严重威胁。我国人多、地少、水缺，人均耕地面积和淡水资源分别仅为世界平均水平的1/3和1/4。随着工业化、城镇化的加快推进，耕地数量减少、质量下降，水资源总量不足且分配不均等问题日益凸显。一些地区农业面源污染、耕地重金属污染严重，农田、草原、水域等生态系统退化。农产品质量安全问题和风险隐患仍然存在，农、兽药残留超标和产地环境污染问题在个别地区、品种和时段比较突出。因此，走绿色可持续发展之路是绿色兴农、质量兴农的必然要求。

（3）培育生态农业新动能的迫切需要。培育生态农业产业，发展新动能，深化农业供给侧结构性改革，是推动农业农村发展再上新台阶的重大举措。生态农场等新型农业经营主体和服务主体对市场反应灵敏，对新品种、新技术、新装备、新理念接受能力强，既可满足新时期国内居民对个性化、优质化农产品的需求，又可突破国外对进口食品质量要求高的贸易壁垒，具有从事绿色化生产、集约化经营、品牌化经营的优势，以

及从事新产业、新业态、新模式的创新精神，是促进现代高效生态农业产业化发展的重要动能源泉。

1.3 生态农业发展舆情分析

1.3.1 舆情监测方案设计

（1）监测范围：全网数据。具体分为：①微博数据，公开的微博数据；②微信数据，微信公众号日常采集1 400万个账号，包括搜狗微信搜索；③网页数据，主流门户的新闻信息、国家广播电视总局明确有新闻报道权的249个媒体，以及其他重要的地方网站和专业化网站；④客户端数据，目前网络上高频使用的266个客户端数据，如腾讯新闻、天天快报、澎湃新闻等，以免遗漏主流信息；⑤视频数据，包括腾讯视频、优酷视频等主流视频平台，哔哩哔哩等社区视频平台，以及抖音、快手、西瓜等短视频平台；⑥其他数据，主要包括知乎、百度贴吧等论坛或问答社区的信息。

（2）监测关键词：生态农业。

（3）监测期：2020年9月1日至11月30日。

（4）舆情信息分析维度：舆情趋势、平台分布、情绪取向、舆情类型、热门词云、地域分布、热点舆情等。

（5）监测指标设计：考虑到生态农业其内涵及外延的复杂性，以"生态农业"为主题的舆情监测方案搭建如图1-1所示，即在"生态农业"这一核心关键词下，筛选了"有机农业""休闲农业""循环农业""生态环境"这4个生态农业领域的主要分支，作为二级监测指标，每个二级指标下设不同的三级监测指标。所有指标共同组成多维度监测体系，使生态农业舆情反映的内容更为全面立体。

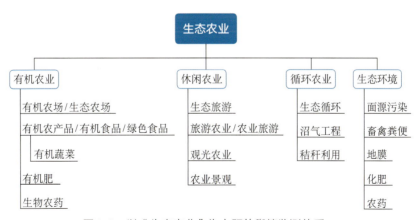

图1-1　以"生态农业"为主题的舆情监测体系

1.3.2 基于全平台的"生态农业"舆情分析

自2020年9月1日至11月30日，共监测到相关舆情信息82 713篇（条）。其中

App的比重最大，共有21 936篇，占比26.52%；微信21 105篇，占比25.52%；微博15 640篇，占比18.91%；网页9 522篇，占比11.51%；视频867条，占比1.05%。主要的报道集中在微信、微博、58本地版、搜狐新闻、头条号等几大站点（图1-2）。

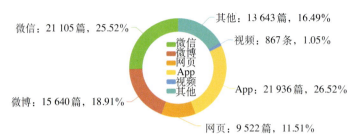

图1-2 "生态农业"舆情信息分布

1.3.2.1 舆情走势

据图1-3、图1-4可知，监测期"生态农业"总体舆情热度波动较大，且在9月21日达到波峰，在10月30日、10月28日分别达到2个次波峰。各主要媒体平台中，微博舆情信息热度波动最大，在10月30日达到波峰，在10月28日达到次波峰，与总体舆情走势基本一致；App在9月20日达到波峰；其他平台舆情热度无剧烈波动。

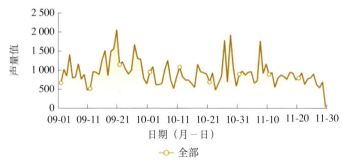

图1-3 全平台总体舆情走势

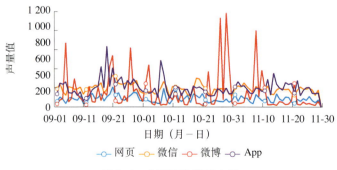

图1-4 主要平台舆情走势

1.3.2.2　热门舆情

具体热门舆情见表1-1。

表1-1　生态农业热门舆情

编号	媒体类型	标题	首发来源	相似文章数
1	微信	乡村旅居康养，未来旅游业振兴的新模式	一诺文旅公众号	507
2	网页	全国最大规模生态无人农场落户农安	农安县人民政府	498
3	网页	第二批全国乡村治理典型案例名单公布	中国新闻网	494
4	网页	井陉的绿色蝶变（绿水青山就是金山银山）	人民网	352
5	网页	菜吧：80%亏损！小型生态农场还有救吗？	菜吧网	298

监测词组：生态农业。

1.3.2.3　情绪取向

据图1-5可知，"生态农业"舆情信息的情感属性分布主要有赞扬、喜悦、惊奇、厌恶等几类。其中，"赞扬"类舆情信息63 805条，占77.14%；"喜悦"类舆情信息10 356条，占12.52%；"惊奇"类舆情信息2 696条，占3.26%；"厌恶"类舆情信息1 348条，占1.63%；其他情感类舆情信息4 508条，占5.45%。整体来看，媒体及公众对生态农场持积极赞扬的态度，少数惊奇与厌恶情绪源于舆情文本中使用的部分表情符号和情感词汇，与舆情主体情感倾向关联度较低。

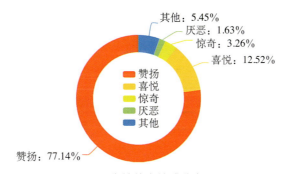

图1-5　舆情信息情感分布

1.3.2.4　舆情类型

据图1-6可知，"生态农业"相关舆情信息前五大类分别为社会、旅行、时政、财经、娱乐，与生态农场自身属性相符。其中社会类舆情占比最大，共23 921条，占舆情总量的28.92%，其次是旅游文化类，共17 535条，占21.20%。此外，美食、健康、科技、育儿等主题的舆情信息紧随其后，说明对品质乡村生活方式的体验式消费需求在不断增加，兼具科普教育、休闲旅游、亲子娱乐、康养度假、文化体验等功能的生态农场日益受到人们的关注。

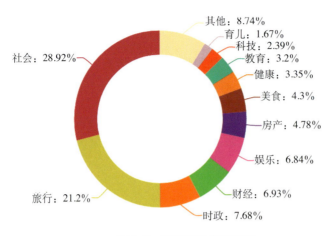

图1-6　舆情信息主题类型

1.3.2.5　热门词云

　　据图1-7可知，与"生态农业"密切相关的关键词有文化、农业、乡村、有机、体验、特色、景区、技术等。说明生态农场的文化体验、有机品质、乡村特色是公众的核心关注点。对高频热门关键词进行分类可发现，其中涉及旅游文化的关键词有田园、景区、小镇、公园、民宿、基地、社区、游客、环境、美丽等；涉及美食健康的关键词有有机、美食、农产品、蔬菜、营养、绿色、食品、礼盒等；涉及亲子娱乐的关键词有亲子、家庭、孩子、宝宝等；涉及产业发展的关键词有模式、资源、平台、专业、规划、经济、标准、市场、科技等。高频关键词一方面反映了公众对生态农场的核心关注点，另一方面体现了生态农场在经济、社会、生态、景观和文化五大领域所承载的主体服务功能。

图1-7　舆情信息热门词云图

1.3.2.6　发布热区和提及热区

　　舆情信息发布量前十地区为北京、广东、河北、湖南、江苏、上海、山东、浙江、福建、四川，其中，北京和广东两省份舆情发布量分别占总舆情量的26.13%和21.34%，即发布地区主要以北京、上海、广州等中心大城市为主。

舆情信息提及地区排名前十的为广东、河北、浙江、江苏、上海、四川、北京、福建、山东、陕西。从图中可以明显看出,提及热度较高的省份集中于东部沿海地区,其次是陕西、湖南、江西、河南、云南、安徽等具有一定地域特色且农业基础良好的地区。此外,以青海、新疆、内蒙古、黑龙江为代表的第三梯队则代表自然环境、资源禀赋独特,生态环境优越,但经济水平相对落后的地区。数据表明,生态农场作为近些年逐渐兴起并不断发展的新模式,在东部沿海及北京、上海、广州等发达城市已经相对成熟,在华中、华南地区仍处于上升阶段,而在西北、西南、东北等地区则具备较大的发展潜力(表1-2)。

表1-2 舆情发布热区及提及热区

排序	发布热区		提及热区	
	地区	数量	地区	数量
1	北京	21 617	广东	15 003
2	广东	17 648	河北	12 982
3	河北	4 397	浙江	12 902
4	湖南	4 395	江苏	12 874
5	江苏	4 007	上海	12 051
6	上海	3 997	四川	10 913
7	山东	3 832	北京	10 771
8	浙江	3 311	福建	10 033
9	福建	2 892	山东	9 199
10	四川	2 774	陕西	8 571

1.3.2.7 热点解读

(1)生态农场新模式

代表舆情:全国最大规模生态无人农场落户农安。

舆情概述:2020年11月28日,全国最大规模生态无人农场——新安合作区生态无人农场示范基地揭牌仪式在合隆镇陈家店村举行。该示范基地由山东理工大学兰玉彬院士团队带领的山东理工大学生态无人农场研究院联合农安县人民政府共同建立。基地围绕智慧农业和智能农机领域,融合生物防控、绿色植保、无人机、农业机器人、人工智能、物联网、大数据、云计算等高新技术进行集成示范推广,未来将成为农安由传统农业转型升级智慧农业的新坐标。

舆情解读:2019年6月,山东省淄博市临淄区朱台镇禾丰种业生态无人农场首次亮相，是山东理工大学与淄博禾丰种业等建设的全国首个生态无人农场。新安合作区生态无人农场示范基地则是兰玉彬院士团队打造的第二个无人农场样板。与传统生态农场不同，新型无人农场融合了生物防控、绿色植保、无人机、农业机器人、人工智能、物联网、大数据、云计算等高新技术，依托多种传感节点和无线通信网络，通过天、空、地一体化获取农情信息，采用地、空一体化智能农业机器人和农业装备等协同作业，实现农业生产环境的智能感知、智能分析、智能决策、智能预警以及专家在线指导。"生态无人农场"可达到绿色生态化，农业生产无人化、精准化，管理可视化，操控智能化的发展目标，是一种可复制、易推广的新模式。

（2）生态农场新业态

代表舆情：乡村旅居康养，未来旅游业振兴的新模式。

舆情概述：文章来源于"一诺文旅乡村振兴旅游规划设计院"官方公众号，文章主要从乡村康养的发展背景、市场前景、产业发展特点、重要组成资源、规划开发要点等方面，对乡村康养进行了全面的分析阐述。

舆情解读：在乡村振兴及大健康政策背景下，乡村康养产业方兴未艾，是发展乡村振兴的重要突破口之一。乡村康养是以田园为生活空间，以农作、农事、农活为生活内容，以农业生产和农村经济发展为生活目标，结合健康疗养、生态旅游、文化休闲、体育运动等多种业态于一体的康养产业模式。由于功能定位的高度契合，生态农场有发展乡村旅居康养的天然优势，反之，乡村旅居康养也是生态农场领域的产业发展新业态之一。

（3）生态农场新挑战

代表舆情：80%亏损！小型生态农场还有救吗？

舆情概述：2020年11月20日，微信公众号"农场主＋"发布了一篇题为"80%亏损！小型生态农场还有救吗？"的文章，文章以北京美田阳光农场及其创始人刘跃明女士为例，梳理引用刘跃明于2018年关于生态农业的演讲内容，重点阐述了生态农业与常规农业在价值观层面的区别，小规模生态农场所面临的挑战及未来的发展方向，以及乡村旅游、休闲农业与生态农场的有机结合等观点。

舆情解读：2016年前后，中国人民大学农业与农村发展学院对全国生态农场进行了相关调查，调查结果显示：80%甚至90%的农场都不赚钱，其中技术缺乏是一个重要原因。2016年中央一号文件正式提出农业也要进行供给侧改革，农业的主要目标由追求产量变成了提高品质，最后具象为农药、化肥使用量零增长等一系列方案。随着政策引导及大众观念的转变，生态农场逐渐兴起。然而由于缺乏生态思维指导下的技术体系、经营主体定位不明确等诸多原因，现存的生态农场大多处于规模较小、经营状态分散、生产效率不高的状态。但中国未来的农业仍将是多元并存的，面对复杂的农业基础条件及消费结构需求，生态农场模式有其生存及发展的客观条件和主观因素，同时与发展生态经济、建设社会主义精神文明、推进环境友好型和资源节约型生态农业密切相关。

1.3.3 基于网络指数的"生态农业"舆情分析

1.3.3.1 百度指数

百度指数是反映输入的关键词在过去某一时间段内，在该平台的用户关注度（包括搜索量及网络曝光率）和媒体关注度的综合参考值。百度基于相关算法并综合了平台大数据，设定了百度指数这一指标，该指标能有效反馈关键词的社会舆情讯息。

在百度指数数据平台中，把近10年内"生态农业""生态""休闲农业"等相关舆情关键词的大数据信息进行整合比对（图1-8）。2014—2019年，"生态农业"都是高频舆情关键词，同时"休闲农业"等关联词在阶段内的波动规律同"生态农业"的相关性极高。2017年，随着一系列政策落地实施，"生态农业"的相关百度搜索指数为近10年最高。

图1-8 "生态农业"百度搜索指数趋势变化

从百度搜索的地域分布上看，近10年来讨论生态农业相关关键词最多的是广东、山东、河南、江苏、四川等省份。近些年，在地方政府加强生态农业现代化建设的引导下，伴随着一系列地方扶贫生态建设和生态农业发展举措的颁布，民众对生态农业及相关信息的关注度持续走高。随着政策的落地，生态农业及相关领域内容逐步渗透到民众生活的方方面面，也越来越受大众关注，引发广泛讨论，如有机农业（其关联词包括：有机食品、生态农场、有机农产品等）、休闲农业（其关联词包括：生态旅游、观光农业等）、循环农业（其关联词包括：生态循环、有机农场等）等。

1.3.3.2 微信指数

微信指数整合了微信平台上搜索和浏览行为（公众号文章及朋友圈公开转发的文章）的海量数据，基于该平台数据进行分析、整合，形成当天、7天、30天，最多至90天的动态指数变化情况，可以直观便捷地看到关键词在一段时间内的热度趋势和最新指数动态。微信指数能够实时监测社会舆情，及时了解互联网用户当前最为关注的社会问题、热点事件、舆论焦点等等。

图1-9聚焦"生态农业"及其舆情关联词"休闲农业"和"有机农业"。截至11月30日，近90天内关于生态农业的微信指数变化呈周期性波动，休闲农业的指数增长往往伴随着生态农业的同步增长，有机农业近期内搜索量和公众号发表量相对较少。针对舆情指数中9月23日出现的针对休闲农业这一关键词的搜索量暴增，回溯当日及前后两日的实时热点可知，同在北京召开的全国休闲农业与乡村旅游大会有关。该大会引发了大量关于休闲农业的讨论，这一舆情被实时反映在了微信指数中。

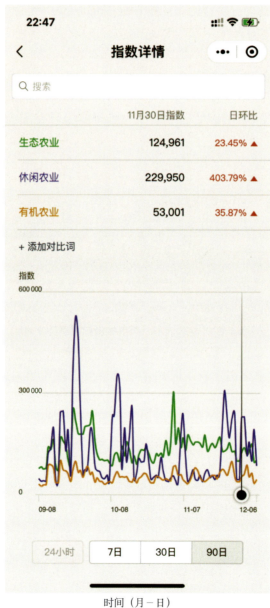

图1-9 "生态农业"微信指数

1.4 新时代建设生态农场的意义

1.4.1 建设生态农场是推动农业可持续发展的重要抓手

生态农业发展与增加粮食安全和减轻贫困有关，特别是在人口众多的发展中国家。与常规农业仅追求经济效益的目标相比，生态农业追求的目标更加全面，即更高的产量、更好的质量和更加的环保，在3种更好的追求中寻求一个平衡点，使农业向绿色环保、可持续的方向转变。发展生态农业需要借助合适的经营主体。生态农场将农场生产、生活视为一个整体，通过统筹、规划、设计，在保证产量的同时，充分利用资源，有效保护环境。生态农场既可作为当前我国现代农业向生态农业转型的先期试点，也可成为未来生态农业产业化的示范典型，利于推动农业绿色发展，实现可持续发展。

1.4.2 建设生态农场是顺应农业适度规模化经营的必然选择

生态农场具有本地化的特征，该特征决定了生态农场不是千篇一律的大规模、大机械化农场，而是在充分了解当地自然与社会资源禀赋之下，在合理利用资源与生产条件的基础上，因地制宜、凸显本地特色、规模适度、集约经营的生态农业发展主体。这样的发展模式，可规避"大垦大建"式的农业发展，实现生态农业适度规模化经营。

1.4.3 建设生态农场是提高生态循环农业产业化的有效抓手

生态农场的建设有利于绿色农业产业技术的创新与集成，便于促进产业链条不断发展完善，逐步构建融合最新科技与服务内容的生态农业产业体系。生态农场以全过程的绿色生态化为追求，在生产过程中尽量减少资源利用与对环境的影响，使农产品的安全与品质得到有效保证，可以此建立生态农场农产品的标准化和品牌化生产，并吸引社会资本参与畜禽粪污资源化利用、秸秆综合利用等技术的发展与应用，促进消费者参与食品安全的监督。

第2章
国内外生态农场发展现状

2.1 国际生态农场发展现状

生态农业于1924年在欧洲兴起，20世纪30—40年代在瑞士、英国、日本等地得到发展。20世纪60年代，欧洲的许多农场转向生态耕作，70年代末东南亚地区开始研究生态农业，走可持续发展的道路成为世界各国农业发展的共同选择。1970年，美国土壤学家W. Albreche首先提出"生态农业"的概念，P. Merrill和N. Worthington等学者对其进行完善与充实，其基本理念是主张不使用或尽量少施用化肥、农药，用有机肥或长效肥替代化肥，用天敌、轮作或间作替代化学防治，用少耕、免耕替代翻耕。

2.1.1 欧洲生态农场发展情况

2.1.1.1 欧盟

1991年6月，欧盟前身——欧洲共同体就制定了首个欧共体生态农业条例，明确表示要开始生产生态农产品及生态食品，同时对生产者和加工者如何进行生产加工、生产加工过程中允许使用的物质等做了具体规定。为了适应农业发展新需求，欧盟的共同农业政策经历了多次调整与变革。2003年，欧盟通过的共同农业政策新方案中，将农业环境保护计划纳入其中，增加了对环境保护、动物福利及食品安全等项目的补贴力度。同时，针对原有的农产品价格支持补贴政策，欧盟摒弃了前期的价格支持体系，将环境保护视为农业补贴政策的核心内容，实现了从价格补贴到环境保护补贴的转变，突出了农业补贴政策的生态保护功能。

2.1.1.2 德国

作为欧盟重要的成员国之一，德国的生态农业法律制度较为健全完善。2001年12月15日德国的生态标识法正式生效，实行生态标识制度，通过对生态产品加上标识，使其与传统型农产品区分开来（贾金荣，2005）。德国于2003年4月实施了《生态农业法》（李霞，2015），对如何使用废料、如何松土、如何休耕、如何轮作等均做了明确的规定，对如何惩戒违反《生态农业法》的生产、经营者等做了详细规定，为推进生态农业建设发挥了积极作用。此外，德国将欧盟的一些关于农业生态保护的法律制度，逐步扩展到农业生产的各个领域和环节，还有针对有机生态农业、野生动植物栖息地、湿地保护等的系列法律制度，对农业生态补偿的主体、标准、形式等进行了翔实的规定，形成了一整套完备的法律体系，堪称生态农业立法典范。

2.1.1.3 法国

自1985年将"生态农业"写入法律以来，逐渐建立了一套完整的农业管理体系。2014年9月，法国通过了《未来农业法》，将推广"生态农业"写入法律，标志着"生态农业"概念在法国已经步入大众普及阶段。为进一步推动生态农业的发展，法国在生态农业2022规划项目中提出了新的支持政策。一是提高生态农业转换农户的税收抵免额度，到2020年，免税额由2 500欧元增至3 000欧元；二是当生态农业生产者的农场遭受外部污染时，专门为其提供生产补偿基金，自2020年起，政府每年为防治污染扩散设立500万欧元的专项资金。2018年，法国提出生态农业优先研究计划，目的是研究建立有利于环境和人类健康的农业系统，法国未来投资计划第三期为该计划提供3 000万欧元资助。

2010年以来，法国生态农业进入快速发展期，生产经营者数量和生态农业种植面积不断提升，年均增速在10%以上。根据法国生态农业发展和促进署发布的数据，2018年法国生态农业的生产经营者数量增至61 768个，比2012年增长68.0%。其中，生产者数量增至41 623个，比2012年增长70.4%。法国生态农业生产者数量增加的同时，许多传统生产者也在向生态农场转换，2018年生态农场数量在全国农场总数中的占比已上升至9.5%，生态农业种植面积达到203.50万公顷，占全国农业种植总面积的7.5%。

2.1.2 美国生态农场发展情况

20世纪80年代初期，美国针对农业投入过大等问题，提出要发展生态农业。美国在司法建设、政策引导方面做了很大努力，以保证生态农业的发展。美国对农业的投资仅次于军事投资，其中用于生态农业的投资逐年增加，鼓励各州设立农业大学，为生态农业的发展提供高素质人才。

美国国会自20世纪30年代起，每5年就会修订一次农业法。1990年，美国颁布的《污染预防法》对生态农业作出了明确规定。经国会通过的《美国的1990年农业法》通过立法的形式选择研究和教育途径，并以此来建立一种可持续的、有利可图的、保护资源的农业生产体系。为了解决高投入的问题，美国以法规形式制定了农药、化肥等的投入标准，规定对生产或使用农药、化肥造成环境污染者征收农药税和化学肥料税。2000年，美国制定了《美国有机农业法》（*National Organic Program*，NOP），对有机农产品的定义、适用性等进行了较为详细的界定，还列出了允许使用、禁止使用的物质。除此之外，美国还颁布了《农业信贷法》等，为生态农业发展提供了强有力的财政资金支持。

除了制定法律、法规之外，美国还颁布了一系列促进生态农业发展的鼓励政策。20世纪90年代，美国开始进行农业"绿色补贴"的试点，根据农民的环保实施质量，政府决定是否补贴以及补贴额度，对表现出色的农民除提供"绿色补贴"外，还暂行减免农业所得税措施。2002年5月，美国出台了《2002年农场安全与农村投资法案》，该法有效期内（2002—2007年）的农业生态环境保护补贴总额达到了220亿美元。同时，该法授权美国农业部通过实施土地保护性储备计划、环境质量激励等方面的生态保护补贴计划，以现金补贴和技术援助的方式，把这些资金分发到农民手中，或用于农民自愿参加的各种生态保护补贴项目，使农民直接受益。

2.1.3　日韩生态农场发展情况

日本农林水产省在 20 世纪 80 年代成立"生态农业对策室"，后改称"环境保全型农业对策室"。1992 年，农林水产省首次正式提出"环境保全型农业"的概念。环境保全型农业兼顾农业生产率的提高和减少化肥、农药等农业化学品对环境的负荷，因此也被称为"可持续性农业"。1999 年颁布实施的《食品·农业·农村基本法》（又称《新农业基本法》），该法加快了日本传统农业向生态农业转型的步伐。

在贯彻实施农业环境政策的过程中，日本政府非常重视环境法规的保障作用，形成了由总法、专项法等组成的环境法规体系。为配合与保证"母法"——总法的顺利实施，日本政府先后制定并颁布了一系列相关配套的专项法规，称之为"子法"，主要包括《家畜排泄物法》《有机农业促进法》《肥料管理法》《可持续农业法》等，2001 年又发布了《生态农业推广法》。上述法律中，日本政府对农业生态保护及生态补偿有非常详细的量化规定，且将农民的生产收益与环境保护相联系，政府通过贷款、税收优惠、资金补贴等方式，直接推进农业生态补偿工作。此外，日本农业生态补贴政策还包含农业绿色生产技术体系和环保农业认证体系两大支持体系。农业绿色生产技术体系主要按照良好农业规范（GAP）的相关要求进行补贴，日本环境友好型农业认证制度包括生态农户认证、特别栽培农产品认证和有机农产品认证。

依据《可持续农业法》第四条规定，向所在都道府县知事提交可持续农业生产方式引进计划，并积极参与控制农药、化肥施用工作，致力于土壤改良，并获得知事认可的农户称为生态农户。日本地方政府根据具体情况制定生态农户地方认证标准。认证标准涉及 3 个方面内容：改良种植农作物土壤，减少施用可能造成土壤污染和水污染的化学肥料，以及减少施用影响生态环境的化学农药。申请生态农户的引进计划书由 2 部分构成：一是引进可持续农业生产方式的目标，包括农业经营情况、不同作物引入环境友好型农业生产方式的技术以及农业收入目标等；二是为达到某一目标所需的堆肥施用计划、机械和设施购入维修计划以及资金调配计划。生态农户认证程序较为简单（图2-1），认证有效期为 5 年。获得认证的农户可在全国农业协会组合中央会主页上下载生态农户标志，在农产品包装、宣传海报以及农户名片等允许范围内使用，并享受农业改良资金、税收优惠等政策。2000 年日本全国从事生态农业的农户达 12 万户，2011 年增至 20 万户，年均增长 2 万户。

韩国政府自 20 世纪 90 年代初开始制定亲环境农业发展政策。于 1997 年颁布《环境农业培育法》，规定根据生产方式及生产资料使用情况，将亲环境农产品划分为有机、转换期有机、无农药、低农药、一般亲环境农产品等类型。2001 年 1 月，将该法修改为《亲环境农业培育法》。到 2009 年，生态农业种植面积在 10 万公顷左右，占韩国全部农产品种植面积的 34%。2001 年，开始实行的亲环境农产品认证标识制度，提高了消费者对产品的信任度。

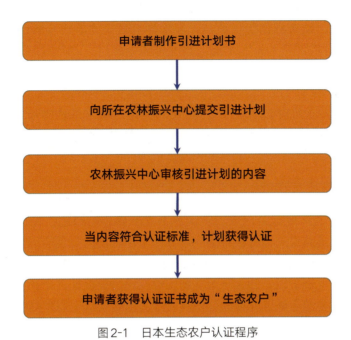

图2-1 日本生态农户认证程序

2.1.4 国外有机农业发展情况

截至2019年，欧洲已有42个国家制定了与有机农业相关的法规，其中37个国家已全面实施这些法规。根据瑞士有机农业研究所（FiBL）和国际有机农业运动联盟（IFOAM）的统计，2018年欧洲的有机用地为1 560万公顷，2009—2018年期间有机农业用地增加了2/3以上。在欧洲，有机农田占农业总用地的3.1%，其中列支敦士登在所有农田中的有机份额最高（38.5%），其次是奥地利，该国是欧盟农业用地有机份额最高的国家（24.7%）。欧洲有近42万家有机生产商，拥有有机生产商数量最多的是土耳其（79 563家）和意大利（69 317家）。2009—2018年欧洲有机生产商数量增长了64%。欧洲的有机零售额为401亿欧元，其中欧盟为374亿欧元。德国拥有109亿欧元的零售额，是欧洲最大的市场，也是世界第二大市场。2018年，欧洲消费者人均在有机食品上花费50欧元，在过去10年里，在有机食品上的人均支出翻了一番，其中丹麦和瑞士在有机食品上的人均花费最多（312欧元）。西班牙拥有超过220万公顷的土地，是欧洲有机耕地面积最大的国家（超过欧洲有机农田的14%），其次是法国（200万公顷）和意大利（195万公顷）。

目前美国生态农业发展位居世界前列。2018年北美洲有机农业用地为330万公顷，占农用地总面积的0.8%，其中美国的这一比例为0.6%。有机种植面积比2000年的增加了两倍，占全球有机农业用地的5%。2017—2018年间，该地区有机种植面积增加了近11.2万公顷，增幅为3.5%。北美洲共有23 957家有机生产商，其中超过75%在美国，同时美国也是有机生产者最多的国家，超过 18 000 个。美国国家农业统计局在 2017 年开展的农业普查显示，美国已有 11 650 个认证有机农场。2018 年美国有机市场首次突破 500 亿美元大关，销售额创历史新高，是世界上最大的单一有机市场。2018 年美国在有机产品上的人均消费为 125 欧元，有机份额为 5.7%。2010 年日本有机农产品占全国农产品总量的 2%，主要以有机稻米和有机蔬菜为主。日本农林水产省调查显示，日本有机市场规模估计为 1 850 亿日元，而 2009 年为 1 300 亿日元，显示出有机市场的快速增长。经认证的有机农场总面积为 10 792 公顷，占日本所有农田的 0.24%。目前，日本有 0.5% 的农民从事有机农业。2019 年韩国有机市场估计约为 3.5 亿欧元（4 500 亿韩元）。

2.1.5 国际生态农业发展的启示

农业生产带来的环境污染已成为全世界不得不面临的问题，发达国家探索解决农业环境污染问题的道路对中国有很好的启示。从上述各国的发展历程和经验来看，健全生态农业法律体系，为生态农业发展创造良好法制环境是首要之事。其次，目前我国的生态农业处于快速发展阶段，加大政策支持和财政补贴是保证其平稳发展不可或缺的举措。最后，还应建立健全认证管理监督制度，提高消费者对生态产品的信任度。

2.2 我国生态农场发展现状

2.2.1 我国农业绿色发展情况

党的十八大以来，党中央、国务院高度重视绿色发展。2016 年中央一号文件提出推动农业绿色发展，随后农业绿色发展连续 4 年成为中央一号文件的重要内容。2017 年农业部提出"农业绿色发展五大行动"，以解决农业发展过程中产生的生态环境问题，为最终实现农业的可持续发展、推动新农村建设保驾护航。在政策的推动、消费者对优质农产品的需求增加、解决农业面源污染的需要、提升农产品国际竞争力以及增加农民收入这几个因素的驱动下，农业绿色发展逐渐走进大众的视野。我国农业低碳生产方式初步形成，粮食安全与餐桌安全水平稳步提升，农业经济性目标从增产转向带动农民增收。农业绿色发展支持政策经历了从聚焦粮食增产到农产品质量提升，再到以绿色生态为导向的演变进程。近年来，在国家政策的强力推动下，农业绿色发展成效显著，农业农村环境保护工作全面纳入法治轨道；农业资源利用强度明显下降，水土资源保护制度基本建立，面源污染治理成效明显，化肥、农药施用量实现零增长，畜禽粪污资源化利用率、农作物秸秆利用率均有所提高，农业生态系统正在逐步修复等。

尽管农业绿色发展有了一定的进展和成效，但是仍然存在不少亟需解决的问题。在农民层面，首先是农业生产者对绿色发展的认知程度不够，即使已经从事绿色农业，也不代表对其有所了解。其次是由于当前农产品的优质优价还不易实现，采用绿色发展技术具有一定的"经济外部性"，短期内农业生产效益有下降的风险，因此想要使农民主动采用绿色农业的发展技术存在一定的困难。最后，绿色农业的发展需要新型技术的支持，例如测土配方施肥、废弃物循环利用等技术，而中国的农民构成，目前以年龄大者、受教育水平程度较低者居多，他们不能快速接受新颖的农事操作技术，这导致技术推广存在一定的困难。在政府层面，大量补贴政策的提出，保障了农民的权益，但是我国现行的农业补贴政策多以财政补贴为主，对环境生态问题不够重视，补贴投入力度和所占比例远远不够，应以绿色、生态为导向，加快农业补贴政策体系改革，促进农业生产"转方式、调结构"目标的实现。

2.2.2 我国生态农场总体情况

一是中国生态农场基本特征。我国生态农场中，种植型农场占比较高，达到了50%。其中，长江中下游地区种养结合型农场占比较高，为64%。相对来说养殖型生态农场较少，占比不到20%。从农场成立时间来看，近些年成立的农场较多，说明生态农场在这几年逐渐兴起。生态农场经营者相较于农民，表现出年轻化、高学历的特征，且农业生产经验较为丰富。农场的组织模式主要包括公司、合作社和家庭农场。总体来看，合作社形式的农场占比最多，其次是家庭农场和公司形式的农场，"公司＋农户"形式占比最少。农场的经营模式呈现多样化，包括外部直销、配送，以及通过产业融合以达到更高收益的经营模式，但采用后者的农场极少，多以外部直销为主。农场的认证包括绿色食品认证、无公害农产品认证和有机认证，其中无公害农产品认证居多。对于农场规模而言，由于东北地区土地资源相对丰富，种植型农场的面积和规模都相对较大，这也导致该地区的农场资金规模很大。黄淮海地区的农场规模相较东北地区较小，而长江中下游地区和华南地区无论何种模式的农场，规模都较小。

二是生态农场生产情况。在种植型农场中，有机肥、化肥混合施用的农场占比最高，其次是单施有机肥的农场，但仍有少数农场单施化肥。生态措施的具体实施情况是生态农场的重要特征，种植型生态农场的经营者多采用有机肥/堆肥、秸秆还田和翻耕晒垡这3种生态农业措施进行土壤培肥。不同地区采用的生态农业措施也有所不同，例如东北地区对于绿肥的使用较多，在长江中下游地区采用沼液和沼渣的农场比例较高，而种植豆科作物只在北方地区被采用。在病、虫、草害防治措施中，对于病害的预防，轮作和选用抗病品种是两项主要措施，而间、套作可能因为操作不方便，普及率较低。在虫害防治方面，普及率最高的是使用杀虫灯，人工/机械捕虫，选用抗虫品种，使用黄板/蓝板、防虫网等方法相对较高。在草害方面，采用人工/机械除草和清洁田园的方式去除杂草的普及率较高。整体来看，长江中下游地区生态农业措施的普及率最高，其次是黄淮海地区，东北和华南地区的生态措施普及率相对较低。灌溉是作物生长离不开的管理措施，合理使用节水措施是生态农场所应遵循的基本原则。目前我国生态农场采用的灌溉方式，以大水漫灌比较普遍，使用滴灌的也较多，然后是喷灌和管灌。

对于养殖型农场而言，主要考虑养殖方式和畜禽用药情况。养殖方式层面，我国舍饲圈养的农场占比较大，放养次之，笼养占比最小。在畜禽用药方面，大部分养殖场以疫苗预防为主，以抗生素治疗为辅。对于种养结合型农场而言，东北和黄淮海地区种养结合型农场存在种植面积较大的情况，而长江中下游和黄淮海地区种植和养殖面积的比例较为均衡。然而我国种养结合型农场目前并没有实现农场内部物质和养分循环。种养结合型农场土壤培肥措施与种植型农场类似。对于病害的预防,轮作的普及率最高。虫害防治措施体现出与种植型农场类似的规律,但是措施的普及率明显低于种植型农场。在草害方面,人工/机械除草普及率较高,其次是用清洁田园的方式去除杂草,普及率也与种植型农场基本一致。种养结合型农场的养殖方式中,舍饲圈养的比例最高,其次是放养,仍存在一小部分采用笼养的。在东北和黄淮海地区,接种疫苗是生态养殖场保证动物健康的首选措施。在华南地区,采用抗生素作为首选防治动物病害措施的农场比例排在第一位。另有一部分农场不需要使用药剂进行病害防治,这说明生态农场可以通过为动物养殖提供良好条件来减少药物使用。

三是生态农场成本效益分析。从全国整体水平来看,种植型农场的生产投入按费用排序为肥料、种子、机械设备、病虫害防治、运输、灌溉和技术咨询。养殖型农场中主要的投入集中在饲料方面,其次是幼畜禽的投入,其他投入占比很低。种养结合型农场的各项投入以饲料、幼畜禽、肥料、运输及种子为主。从农场所需要的劳动力人数来看,种植型农场需要的最多,而养殖型农场和种养结合型农场的劳动力投入较少,这两类农场的投入基本相当。从劳动力的男女比例来看,黄淮海地区种植型农场以男性稍多于女性,而种养结合型农场以女性为主;东北地区和长江中下游地区在3类农场中男女比例基本平衡;华南地区呈现出与黄淮海地区相反的趋势。因为投入的人力较多,所以每种类型农场的年支付工资跟劳动力人数投入的规律基本相近。从人均工资来看,以长江中下游地区的工资最高(人均年工资在4万元以上),而其他几个地区基本上在3万~4万元。将农场投入产出及收益平均后,发现种植型、养殖型和种养结合型3类农场的收益率基本相当。

四是生态农场的补贴分析。从农业补贴来看,种植型与养殖型获得补贴的农场比例在50%左右,种养结合型获得补贴的农场比例高达85%;从补贴来源来看,3类农场90%的补贴都来源于政府,行业协会占5%~10%;从补贴形式来看,58.5%~68%的农场得到资金补贴,23%~34%的农场得到物资形式的补贴,还有8%~12%的农场获得的是以培训的方式兑现的补贴;从获得的补贴金额来看,种植型农场平均为76万元,养殖型为92万元,而种养结合型为107万元。通常这些补贴是通用的农业补贴,并没有针对生态农业方面的政策倾斜。

2.2.3 我国有机农业发展情况

大力发展有机农业是在保护生态环境、坚持乡村振兴战略的基础上,进一步促进农业产业发展的战略措施,以此深化农业供给侧结构性改革,满足人民日益增长的消费需求。党的十八大以来,政府出台了多部政策法规,加快推进生态文明建设,这些政策法规与有机农业的基本原理和理念高度契合,推动了我国有机农业的发展。

2018年,我国有机农地以313.5万公顷的面积位居世界第三位。从有机耕作面积占全球农业生产面积来看,有机农业用地占农业总用地的比例平均值为1.5%,亚洲水平仅为0.4%,最高的是大洋洲,达到8.6%,我国为1.88%,高于亚洲水平和全球水平,在有数据的国家排名中，我国有机农业种植面积这一比例在全球排第五十七名。截至2021年12月31日，中国境内依据中国有机标准进行的有机植物生产面积476.0万公顷，其中，有机作物种植面积为275.6万公顷，野生采集面积为200.4万公顷；有机作物产量1 798.9万吨，野生采集产品产量92.8万吨。在有机种植方面，2021年有机谷物的生产面积最大，为142.3万公顷，占51.6%；排在第二位的是豆类、油料和薯类，为60.5万公顷，占比22.0%。坚果、含油果、香料（调香的植物）和饮料作物排在第三位，种植面积为27.3万公顷，占比9.9%。上述三类有机作物的生产面积占到总面积的83.5%。在2021年，中国有机作物种植面积排在前5位的省份分别是黑龙江省（58.11万公顷）、辽宁省（40.45万公顷）、内蒙古自治区（35.99万公顷）、贵州省（23.57万公顷）和云南省（18.54万公顷），和2020年排名一致，这5个省份有机作物种植面积占全国有机种植面积的64%。

我国有机农业发展仍然面临着一系列的问题。尽管我国主要有机产品生产面积占农作物生产面积的比例总体呈现增长趋势，但是增速缓慢，与发达国家相比仍有很大的差距和上升空间。因此，我国需要在现有基础上增加有机农业的生产规模，这也与国家推进农业绿色发展战略相一致。此外，目前我国有机产品的产品结构不太合理，发证数量仍以初级农产品为主，有机产业链较短，多未进行深加工，这使得有机农产品在市场上只能作为初级农产品销售，且价格较高，销售量和经济效益难以得到有效提升，限制了有机产业发展。从消费者角度而言，他们不了解或对有机生产了解不多，面对价格相对高昂的有机产品，往往购买意向不高，使得经济效益无法显著提升，影响了有机生产者的生产积极性。

2.3 国内外生态农场教育研究概况

2.3.1 国际生态农场教育研究概况

20世纪90年代后，特别是进入21世纪以来，实施可持续发展战略得到全球的共同响应，可持续农业的地位也得以确立，生态农业作为可持续农业发展的一种实践模式和一支重要力量，进入了一个蓬勃发展的新时期，在规模、速度、水平上都有了质的飞跃。

欧洲、美国、日本都非常重视生态农业发展的教育研究，成立了很多大学、科研院所等研究机构，培养了大量的科研人员。1973年，瑞士成立了有机农业研究所，是国际上第一家专门从事有机农业研究的机构，其站点分布在德国、奥地利、意大利、澳大利亚等很多国家，通过田间长期定位试验进行有机农业研究。20世纪90年代中期，欧盟开始加大对有机农业研究的资助力度，2003年欧盟委员会成立了国际有机农业研究学会，在科学界协调有机农业的研究、交流。2008年丹麦政府在丹麦有机农业研究中心基础上，成立了国际有机食品系统研究中心。90年代后期，法国国家农业科学研究院（INRA）、德国联邦农业研究中心（FAL）也逐步成立并得以发展。

一些国家采取了很多措施来推动生态农业发展。一是开展消费者教育和有机农产品促销活动。例如，2008年，欧盟委员会发起了一场有机食品和农业推广活动，旨在向消费者宣传有机农业和食品生产的意义和好处。丹麦政府自1991年以来一直支持提高有机消费者意识的倡议，向执行具体项目的私营部门和民间社会行动者提供资金支持。二是鼓励公共食堂采购有机产品。以巴西为例，2009年巴西政府要求公立学校从当地家庭农场购买至少30%的学校供餐产品，且优先考虑有机食品，每天为4 700万名学生提供食物。三是支持国内贸易和零售增加。国际上，丹麦有机产品市场占有率最高，占食品市场的7.6%，其中96.5%的有机产品通过市场渠道销售。

在推动生态农场发展方面，国际上也有许多先进案例。例如美国为推动低投入的可持续农业发展，加大了对生态可持续农业的投资力度。不仅加大了科研投入，还对农业科技推广给予资助，对经营生态农场的农民提供贷款担保和贷款利息补贴。德国大力支持经营生态农场的农民，并在培训农民上下功夫，具体措施：教育农民掌握一定的专业知识和生产技术；培养家庭农场经营者、农艺师和农业技术员；培养相当于大专水平的高级农业技术、管理人员和大学本科以上学历的农业人才。

2.3.2 我国生态农场教育研究概况

我国于20世纪80年代初引进了生态农业，学术界对其开展了广泛的研究、试验和示范。1994年，国家环境保护局南京环境科学研究所与美国加利福尼亚大学圣克鲁兹分校合作，开始了"环太平洋地区有机与常规生产系统的能流、物流与经济流的比较"研究，并在美国洛克菲勒兄弟基金会的支持下开展了"有机和常规小麦、蔬菜、水稻生产的比较研究"。1998年，中德合作GTZ项目"中国贫困地区有机农业发展"开始实施。随后，中国农业大学、南京农业大学、华南农业大学、中国农业科学院茶叶研究所等建立了相应的研究、咨询与认证机构。在中德合作GTZ项目的推动下，国内一些农业研究机构和高校开展了相应的有机农业生产技术的研究工作。2000年，一些国际组织开始在中国资助一些有机农业的开发项目，并对这些项目进行效益评估工作，这一阶段的项目仍然以国外机构或者组织的资助为主。2005年以后，国内的一些研究机构和高校也开始了技术研究和咨询工作。2010年以后，相关机构也逐渐增加了对有机产业科研的专项资金投入。

我国资助生态农业研究的主管机构有生态环境部、国家认证认可监督管理委员会、农业农村部、商务部、国家发展和改革委员会以及科学技术部。支持我国生态农业发展的主要国际机构有国际有机农业运动联盟、国际农业发展基金会、联合国粮食及农业组织、德国技术合作公司、绿色和平组织、德国琥珀基金会等。这些机构在中国开展了不少关于生态农业和有机农业的支持项目，其中德国技术合作公司是最早支持中国有机产业发展的国际组织。

2.3.3 生态农场发展人才需求情况

生态农业自引入中国以来，发展非常迅速，纵观国内在该领域的教育投入，远跟不上产业发展的步伐。目前，有部分高校，如中国农业大学、南京农业大学等，在硕士研究生培养方面设定了有机农业的培养方向，并开设了有机农业相关的选修课程，不过主要侧重于生态农业领域理论方面的讲解与研究，没有涉及深层次的技术应用等相关内容。据调查，国内尚未有高等院校或者职业教育类院校开设与生态农场相关的专业，没有全面系统地培训生态农业领域的专业人才。

生态农业的持续发展离不开专业人才，作为生态农业行为主体的农民或新型经营主体，不仅应具有实施生态农业的生态意识，而且应该懂得生态农业建设的方法。在生态农业技术、管理和市场开发方面都缺乏合格的专业人员，因此要培养一批具有农业生态环保意识、掌握农业生态环境保护技术、懂得生态农场经营的职业农民，以及既了解农业、农村、农民，又了解市民对生态、食品安全的需求，还会利用现代信息技术营销的职业经理人，以推进生态农业可持续发展。

第3章
生态农场生产技术体系

3.1　生产循环体系

在生态循环农业的理论引导下，在生产经营主体（农户、企业、合作社、家庭农牧场）内部，根据其生产结构与特点，按照生态学家马世骏先生提出的"整体、协调、循环、再生"的生态工程的原理，将经营主体内部的种植业生产（含农田土壤、作物群落、经济产品、作物残体）、养殖业生产（含饲料生产与加工、排泄废弃物收集）、农业废弃物资源化处理和利用等过程，以及生产经营项目科学地组合成一个结构合理、比例协调、操作规范、相互衔接、管理有序的农业系统，以实现经营主体内部物质、能量的高效循环利用。生态农场生产技术体系有以下几种。

3.1.1　秸秆原位还田循环农业生产技术模式

种植业经营主体运用机械和生物技术，建立秸秆原位（就地）循环的循环型生态农业系统，达到减少秸秆遗弃和焚烧引起的环境污染、有效培肥土壤、降低化肥投入、改善产品质量的实际效果。

3.1.2　农牧结合循环农业生产技术模式

养殖业经营主体通过配套粮食、果树、蔬菜、牧草（甚至水产养殖）生产，以及配合饲料生产，采用节水养殖技术，运用粪尿污水干湿分离、沼气发酵与发电、专用有机肥生产设备等，开展养殖废弃物资源再生性生产，形成融种植、养殖、生物质能源再生利用、有机肥生产利用或商业销售为一体的综合型生态循环农业系统。以便充分利用土地资源和生物质资源，有效改善养殖业生产卫生和环境条件，大幅度减少养殖废弃物的污染，显著节省生产成本，提高经营效益，实现养殖业经营主体的高效、安全和可持续生产。

3.1.3　林草（牧）复合生态循环农业生产技术模式

林果生产经营主体利用林间和林下空间，季节性地开展种草、养鸡等立体复合型生产，提高了林地植被覆盖度和生物量，有效减少水土流失和养分损失。通过林下植物残体和养殖的动物实现有机物和养分的原位（就地）循环，具有有效抑制杂草、保护土壤水分、增加土壤有机物、降低生产成本、减轻自然灾害、提高林果产品质量等优点。

3.2 产业循环体系

生态产业链是构建健康和充满活力的生态循环农业系统的根本组织模式，通过循环型生态产业链组织，保证了涉农经营主体的专业化发展方向，也维持了农场生态系统循环再生的自然基础，极大提升了现代农场的效率、效益、质量。

3.2.1 种植业-养殖业产业链

专门或主要从事种植业生产的某个或多个经营主体，与专门或主要从事养殖业生产的某个或多个经营主体，通过经济契约形成固定的利益和发展共同体。产业链中的经营主体，通过提高生产专业化水平和稳定的废弃物-原料产消关系，各取所需、各得其所，实现了生产的专业化和产业的链接态，构建起高度专业化、规模化、一体化、循环化的生产和经济组织体系，立足于现代社会经济激烈竞争之中。

3.2.2 种植业或养殖业-加工业产业链

通过与加工业的紧密连接，增强了与同类种养产业的竞争力，降低了生存发展的风险，节省了加工业的运作成本，增强了加工业的竞争力，产业链组织成员分享了链接形成的利益。

3.2.3 种植业-养殖业-加工业-物流商贸产业链

依据一定的农业生产经济技术要求和前、后向的关联关系，通过不同工艺流程间的横向耦合、产业共生及资源共享，连接不同农业产业部门，在种植业、林业、渔业、畜牧业及其延伸的农产品加工业、农产品贸易与服务业、农产品消费领域之间，通过废弃物交换、循环利用、要素耦合和产业链接等方式，建立产业生态系统的"食物链"，形成相互依存、密切联系、协同作用、链条式集合的新型可持续发展农业产业链结构，以及农业产业化网络体系。

3.3 区域循环体系

在大尺度的空间区域内，政府出面，按照一二三产业的链条延伸，根据资源环境社会区域性特点和各方协调的要求，对区域内循环农业经营主体行为，以及循环农业产业链相关产业发展，进行及时适当的调整、优化、管理，确保辖区内现代农业的可持续发展。政府通过对区域农业整体发展的规划引导，对循环农业生产经营"细胞"和循环农业产业链组织行为的监管，对区域生态社会综合发展环境的建设管理，是不断优化循环农业系统的结构和组织，有效应对因农业和社会发展及自然环境条件演变而变化的综合环境条件，实现本区域循环农业系统健康发展的必需条件。所以，除了循环农业的经营主体"细胞"建设、产业链组织建设，还必须有一定区域［乡（镇）甚至更大区域］内政府主导下的循环农业实体运作单元的建设，一般表现为项目区、园区、开发区或整个行政区的生态循环农业系统建设。

3.4 生态农场亟需技术

3.4.1 生物肥料技术

生物肥料是目前生态农场主要使用的有机肥品种之一，具有提高土壤肥力、促进植物生长、提高作物产量和生物防治等作用。与普通有机肥产品相比，生物肥料具有更高的微生物活性、有效态养分含量，生物肥料在有机肥料市场中的占比快速提高。然而，由于功能微生物菌株的筛选能力与基因改造技术仍不够完善，导致有机肥市场中的生物肥料质量参差不齐、肥料效果不统一。目前，生物肥料在生产过程中仍存在优良的微生物菌种筛选、获取难度较大，功能微生物菌株的基因改造研究仍相对缺乏等技术短板。

3.4.2 生物农药技术

生物农药主要包括微生物农药、农用抗生素、植物源农药等，生物防治是绿色植保的重要内容。农业农村部提出农药使用量要实现零增长，倡导建立资源环境型和环境友好型的生态文明和绿色生产，这些政策为生物农药产业提供了生存和发展空间，但同时应认识到，随着环保和安全的需要，生物农药生产也将面临严峻的挑战。为了达到提高生物农药使用效果的目标，应明确生物农药的使用原则，在施用生物农药时应树立先预防、后治理的理念。在了解病虫害发生规律的基础上施用生物农药，并且注意将不同种类生物农药合理配比，保证剂量合理，达到有效防治病虫害的目标。

3.4.3 抗生素替代技术

中国是目前全球最大的农用抗生素消费国，2020年我国农用抗生素产量为23.14万吨，国内需求量为22.92万吨。抗生素滥用导致的耐药菌问题严重制约着畜牧业的健康发展，因此合理使用抗生素、应对抗药菌感染成为我国高度重视的问题。抗生素的主要替代产品包括微生态制剂、抗菌肽、噬菌体、植物精油、疫苗等。微生态制剂又称为活菌制剂、益生菌等，可替代抗生素在饲料中添加使用，可保护动物健康，降低动物发病率。将刺五加、元胡、党参等中药作为饲料添加剂添加到日粮中，可以显著提高畜禽的生长性能，包括提高日增重、日增食量。利用植物源农药开发抗菌物质替代抗生素，对生态农业的发展具有不可估量的作用。另外，还有针对耐药机制的外排泵抑制剂、特异性较强的疫苗、具有生物催化性能的酶制剂、抑制致病菌繁殖的饲用酸化剂等，均是比较有前途的抗生素替代产品。

3.4.4 智慧农场技术

生态农场对智慧农业技术有以下技术短板或需求：一是生态农业全面感知和数据融

合技术。生态农场整个生态系统以及供应链中涉及对水环境、大气环境、土壤和农田、农事过程、供应链等信息的感知与监测，缺乏对通过物联网技术、3S [全球定位系统 (GPS)、地理信息系统 (GIS)、遥感 (RS)] 技术和视觉光谱技术等获取的海量数据的融合分析技术。二是基于移动互联的信息化、智能化服务平台。针对生态农场，缺乏针对生产、经营、管理和服务的智能化服务平台，这些平台能够提供生产过程农技服务、经营管理服务、市场行情等服务，平台应整合基于人工智能、专家系统、大数据等技术的决策支持系统，能够提供智能化的决策服务。三是自动化、智能化农业装备。信息技术，特别是智能化的农业装备，例如智能化农机、有机废弃物处理利用设备、智能化植保技术装备等，这些装备能够大幅降低人力投入，同时基于生态学原理，将农事操作、有机废弃物处理和智能化植保等工作高效落地执行，是实现生态农业节本、提质、增效的重要保障。

第4章
生态农场评价

4.1 国际生态农场评价体系

　　20世纪90年代，生态农场的概念和原理一经提出，立即得到世界各国的热烈反应。许多发达国家率先投入生态农场的研究，以生产需要而定，既着眼于实践，又着眼于应用；既有小区试验研究，也有大面积的示范推广。英国的生态农业研究以中、小型农场为主；德国、荷兰、瑞士等国先后建立起各种不同类型、不同规模的生态农场。发展中国家关于生态农业的理论研究和实践虽然开始较晚，但发展迅速，特别是亚洲的一些国家，一直积极进行生态农场的开发与建设，取得了较好的成效。

　　近年来，全球粮食安全问题让更多国家开始重视生态农业的发展问题，关于生态农场规范性评价的讨论也逐渐增多。国际上已经开发了许多针对生态农场评价的模型，如联合国粮食及农业组织（FAO）推出的食品和农业系统可持续评价导则（Sustainability Assessment of Food and Agriculture Systems，SAFA），瑞士的SMART（Sustainability Monitoring and Assessment Routine）、RISE（Response-Inducing Sustainability Evaluation）等模型。另外，一些大型的供应商和团体自行制定其生态农业规则，例如，星巴克制定了《咖啡和种植者公平规范》（C.A.F.E. Practices），并要求其供应商遵守该规则；安利制定了纽崔莱原材料农场认证流程（NutriCert & Nutrilite Traceability），通过高门槛农耕标准"Nutricert"对自有农场进行严格把关与耕种指导。

　　生态农场评价受到具体的环境影响，不同地区、评价尺度、环境类型等，可持续性的侧重点不同，将一种评价结果或方法推断到其他情境之前需要严格考虑条件差异。为此，FAO在生态农业领域开展了评价指标和工具等方面的科学研究工作。于2013年建立了SAFA；从2014年开始建立生态农业多维度评估全球分析框架，该模型从水、土、气、生物多样性、物质与能量、动物福利6个主题入手，选取目标型指标（如减少温室气体），基于操作指标（如减少温室气体的措施）和绩效指标（如温室气体排放量）评估农场的生态可持续性。开发了生态农业表现评估工具（Tool for Agroecology Performance Evaluation，FAO-TAPE），并在部分区域进行了评价试点。在此基础上，于2018年推出生态农业的10个要素，在进行农场评估时，主要考虑环境、健康与营养、社会和文化、经济和社会治理等5个维度，包括土地使用权、生产力、收入、附加值、青年就业、赋予妇女权力、饮食多样性、农药接触、农业生物多样性和土壤健康10个核心指标，为FAO正在开发的多维度评估工具提供了框架。

生态农场评价模型逐渐从农场生态、经济、社会可持续性评价向生态、经济、社会和管理可持续性发展，旨在建立一个全方位、多角度的科学评价模型。SMART是在FAO发布的SAFA基础上，由瑞士有机农业研究所对指标进行细化和完善的成果，SAFA和SMART都是从管理、生态、经济和社会角度对农场的可持续进行评价。因此，在众多的农场可持续评价模型中，SAFA和SMART纳入了管理可持续性评价，RISE没有考虑管理评价维度，只考虑了生态、经济和社会3个维度。总体上SAFA和SMART的指标数量较大，指标采用定性和半定量的打分方法，SMART存在指标冗余的情况，不符合可持续评价模型的精简原则，而RISE则采用定量和半定量的打分方法。为更科学地反映农场可持续性水平，应当对指标体系中的所有指标都进行赋权，综合反映农场总体可持续性水平，并为农场提出相应建议。

4.2 我国生态农场评价实践

我国生态农业从提出概念至今已经走过40多年的时间，这一时期的主要成效是讨论、建立学术概念与理论体系，以及开展生态农场建设。经过多年的实践探索和逐步完善，生态农业已成为我国农业可持续发展的典型模式。截至2019年，农业农村部相继组织创建了3个生态循环农业试点省、10个循环农业示范市、102个国家级生态农业示范县、1 100个美丽乡村建设、13个现代生态农业基地，初步建成省、市、县、村、基地5级现代生态循环农业示范体系，构筑了"主体小循环、园区中循环、县域大循环"的多样化发展格局。

我国生态农业评价最早出现在1983年，2000年以后生态农业评价文献数量快速增多。关于我国生态农场评价的文献最早出现在1986年，文献数量远远小于生态农业评价，近几年生态农场评价文献数量少量上升。我国生态农业评价尺度集中在区域水平，这是由于生态农业发展初期，我国主要开展创建生态农业示范省、示范市和示范县的工作，面向生态农场的生态农业评价工作很少。如贺娟芬（2007）对江西省10年的生态农业发展进行了定量评价，孙黎康（2016）针对四川省的生态农业构建了绩效评价指标体系。区域尺度的可持续性评价指标多为宏观指标，很难对生态农业的具体实践进行指导。

党的十八大以来，随着城乡融合发展和一二三产业融合发展，新型农业经营主体蓬勃兴起，比如，截至2018年年底，家庭农场数量已超过87.7万家，有60万家进入农业农村部家庭农场名录，基线清晰的家庭农场占全部农场总量的68.4%，部分经营主体以农场为载体开展生态农业实践，生态农场等新型经营主体成为未来生态农业建设的主导力量。随着我国农场数量的不断增加，农场的生态化建设需要可参考的标准，生态农场评价提供了可行的建设依据，生态农业评价需要落实到农业经营主体——生态农场尺度。

在生态农场评价认定领域，尽管国际上的可持续评价模型数量不断增加，但主要来自欧美地区发达国家，发展中国家面临着更大的资源环境问题、经济发展问题和社会问题，农场评价的侧重点和基准值筛选也不同。目前，我国尚无真正意义上的生态农场评价模型，因此有必要制定符合我国国情，且针对农业经营主体的生态农场评价模型。

4.3 我国生态农场评价认定

我国质量管理方面的研究和推广起步较晚，2004年我国首次颁布《卓越绩效评价准则》，从企业的领导、战略、顾客与市场、资源、过程管理和测量、分析与改进以及结果7个方面评价企业的管理水平。和《卓越绩效评价准则实施指南》（GB/Z 19579—2012）同时使用，以评价企业的卓越管理绩效。

生命周期评估（life cycle assessment，LCA）和危害分析和关键控制点（hazard analysis and critical control point，HACCP）是过程控制中的两大原理，是涵盖全过程的关键点。LCA是评价某个产品系统生命周期的整个阶段，即从原材料的提取和加工，到产品的生产、包装、市场营销、使用、再使用以及产品维护，再到再循环和最终废弃物处置的环境影响工具。HACCP被用来保证食品在所有阶段的安全，包括7个主要原理，分别是进行危害分析和提出预防措施、确定关键控制点、建立关键界限、关键控制点的监控、纠正措施、记录保持程序、验证程序。我国生态农场评价的目标为资源匹配、环境友好、食品安全，从环境、经济、社会三大方面促进生态农业建设，推动生态农业又好又快的发展。评价标准中最主要的是有机产品标准、绿色食品标准以及GAP。

为推动生态农场评价工作，农业农村部农业生态与资源保护总站联合中国农业大学、中国农业生态环境保护协会等单位，编制了《生态农场评价技术规范》（NY/T 3667—2020），并于2020年7月发布，这是国内第一份生态农场评价技术规范，从农场环境、种植和养殖过程、管理体系规定了生态农场评价的基本要求，并给出生态农场评价办法，为生态农场实现规范化、标准化建设提供科学依据。《生态农场评价技术规范》的精髓在于建立了生态农场评价指标体系，首次提出了完整的我国生态农场评价指标体系，构建了包括生产过程（包括种子、肥料、病虫害防治、栽培措施、灌溉以及收获后处理）、产品与管理（包括产品特性及农场管理）、环境影响（包括内部环境和外部环境）等的评价指标。其中，环境指标4个，分别为生态农场与周围污染源距离、土壤质量——重金属、灌溉水质量以及农场生态用地面积占比；种植指标6个，分别为土壤有机质含量、氮肥用量降低比例、化肥氮替代比例、化学农药替代比例、节水比例、有机废弃物综合利用率；畜禽养殖4个，水产2个，分别为放牧量、养殖区距离、疫病防控、畜禽粪污的循环利用，以及水产养殖水质、排放水体质量；质量管理体系2个，分别是追溯记录的完整性、已获得的产品认证类型。

4.4 生态农场评价认定作用

4.4.1 引领高质量发展

我国自上而下开展了生态循环农业省、市（县）、乡、村、基地示范带动建设，

1990年我国开展了绿色食品认证工作，于2005年发布了有机产品国家标准。但始终没有形成生态农业标准体系，以及生态农业产业领域的认证认可体系，比如，我国北方"果—沼—畜"、稻渔共生、南方"猪—沼—果"等代表性生态循环农业模式始终没有统一的技术规范，制约了生态农业产业化发展。通过开展生态农场评价试点，与绿色、有机认证相衔接、协同，制订生态农场及其产品与服务质量技术标准，保障生态农业认证有标可依，高质量发展。

4.4.2 促进新技术进步

调查结果表明：90%的生态农场经营者平均年龄为47.5岁，且93%的生态农场以公司、合作社和家庭农场为组织形式。生态农场经营者主体为"70后"，"80后"甚至一些"90后"也加入了生态农场经营。生态农场生产者、经营者受教育水平较高，对生态农业技术、互联网技术接受度高且需求量大，安全、优质农产品的生产也需要大量的新技术、新设备支持。通过整合不同地方的资源和技术，制定出一套完善的评价指标体系，利用限定有效期限及在有效期内随时抽查等手段，有效促进生态农场技术升级，为经营者提供最新技术保障，服务生态农业产业市场需求。

4.4.3 教育与技能培训

生态农场评价与认定的牵头单位是中国农业生态环境保护协会和农业农村部农业生态与资源保护总站（简称生态总站）。前者的主要任务是开展继续教育和技术培训工作以及科技咨询服务，促进科技成果转化，协会下设的生态农场建设指导小组和全国生态农场认定专家委员会分别负责生态农场认定的统一管理、全面监督和综合协调工作，以及对申报的生态农场进行最终的材料审核、资格认定工作。生态总站为农业农村部正局级事业单位，主要为农业农村部科技教育司、发展计划司等司（局）提供农业绿色发展支撑服务工作，作为全国农业生态环境管理与资源保护指导单位，能够组织和推动生态农场教育和技术培训工作，具有强大的教育、科普与职业技能培训优势。

4.4.4 数据和知识共享

在生产过程中，通过"互联网+农业"技术、数字农业技术和精准农业技术，加强生态农场的物联网建设，以及农业信息管理系统、生态农业专家系统、智慧农业体系和生态农产品的可追溯能力建设，推行二维码、射频码等技术应用，使生态农场安全生产全程实现信息化、公开化、透明化和可视化管理。生态农场评价平台还可以向交易各方提供及时、真实的质量安全信息，改变交易双方信息不对称的情况。作为一个高质量交流平台，将专家学者、政府管理人员及生态农场经营者聚集起来，不仅可以拓宽销售渠道、降低成本，还可以提高生产效率和管理水平，推动生态农场发展。

第5章
我国生态农场市场分析与预测

5.1　生态农场市场需求分析

5.1.1　需求人群与区域

（1）需求人群。随着生态农场近年来的迅速发展，服务类型日益丰富，需求人群正迅速发生变化。从年龄结构上来说，主要是一部分的"70后"以及大部分的"80后""90后"，甚至"00后"。他们中的大部分人较早前往城镇创业或生活，与农业生产渐行渐远，加上对食品安全的担心以及需要释放生活、工作压力等因素，使他们对生态农场有着较高期待，而他们家庭中的老人、儿童，则成了共同消费人群。在一些特色农产品的生态农场，总是能看到一个个家庭前来消费。一些有特色环境的生态农场，则成为"网红打卡地"，如春天的桃花、油菜花，夏天的荷花，秋天的粉黛乱子草等等，是"90后"和"00后"消费的重要场所。对于大部分中老年人，不管是对生态农产品，还是生态农业服务产品，相对接受程度均较低。一方面主要是因为他们中的大部分人从小生活在农村，对回归农产品生产及农村生活不感兴趣；另一方面是因为其缺乏对生态农业的理解，生态意识薄弱，更重要的是他们对于当前较高的生态农产品及服务的价格难以接受。

从职业上来说，生态农场的消费已经从以往的专属于高收入人群扩展到一般家庭，主要因为生态农场提供的产品除了农产品外，越来越向旅游市场靠拢，且越来越多的家庭更加重视子女的教育，而农业的科普教育则是多重教育中重要的一环。总的说来，生态农场的消费群体偏向于有着中高收入、高工作压力的职业人群，比如公务员、教师、软件行业工作者以及企业的中高领导层，越来越多的大学生群体以及刚毕业走上工作岗位的年轻职业人群，则多出于交友、恋爱、提高朋友圈黏性等目的。

（2）需求地域。从需求的地域来看，一、二线城市远离农村，历来是生态农产品重要的消费需求地区，利用节假日或周末去郊区农庄体验农家生活，甚至住宿游玩，常常成为人们休闲放松的首选。近年来，一些发达地区的三线及更小的城市，甚至乡（镇），也在田园综合体等振兴乡村举措下大力发展生态农场。有着较高收入的本地人群以及大部分外来就业人群成为支撑这一消费市场的主流。

从需求的位置区域来看，城市中高档社区团购生态农产品已成为主流。收入稳定的企事业单位，比如银行、科研机构、大学等也开始建立自有生态农场，或团购生态农产品。随着日益重视食物安全和营养，一些中、小学校，幼儿园，特别是一些私立学校，也更偏向于从生态农场采购农产品，或定期组织体验与参观教学活动。在发达城市，更多的餐厅选择主打生态牌，提供特色生态农产品食材，小区周边的水果、蔬菜零售店，以及许多线上平台，也把生态食材作为重要标签，并实现产品溯源。生态农场的消费正在逐步打破区域限制，成为个性化消费的重要选择。

5.1.2　供给产品与服务

从生态农场的市场需求来看，生态农场产品与服务主要分为3类：

（1）生态农产品。是生态农场的基础产品也是核心产品。消费者对农产品生态安全的信任是消费的首要前提，同样消费者还关心农产品的多样性、营养、口感/味、新鲜度、采购便捷性以及包装环保性等。生态农产品的标准化近年来也日益被重视，消费者对农产品的品质稳定性有需求，主要体现在产品质量的稳定上，这对种植技术提出了较高要求，需要更加精细化、专业化、标准化的管理，而不是常规的粗放式管理。此外，消费者对生态农产品质量安全的追溯也有着较高的需求与期待。

（2）生态农场服务产品。除了提供生态农产品外，更多的生态农场开始提供高附加值的服务。比如从不同地区引进品种，形成各种经济作物和观赏作物辉映的生态观光服务；依据农业生产开发的一些农业劳作体验活动和民俗活动，为游客提供诸如水稻种植、果蔬采摘、养蜂酿蜜、田园织耕、药圃采药等农事体验服务；为游客提供运动健身、娱乐休憩、修身养性的场所及相关服务；向游人特别是青少年传递农业和当地民俗知识，让游客了解各种作物、劳作工具及使用方法，学习农业生态知识等的科普教育服务；此外还有餐饮、会议活动、团建以及民宿等服务。

（3）服务于生态农场的产品。生态农场的兴起必将带动相关社会化服务产业的发展，比如连接生产者与消费者之间信任关系、支付与物流的平台服务；生态农场土壤改良以及各种生态种养所需农产品生产资料的供应与配送；生态农场各类经营性活动中所需要的各种环保材料的生产、包装与供应；生态农场经营人员（包括管理人员和服务人员）的业务培训和能力培养等。

5.2　生态农场市场前景预测

2020年7月，为落实《国家创新驱动发展战略纲要》和《关于创新体制机制推进农业绿色发展的意见》有关要求，提升"质量兴农、绿色兴农"科技创新支撑能力，生态总站立足农业农村绿色发展目标，组织专家研制了《国家农业绿色发展技术示范体系建设需求报告》，提出构建农业农村部农业绿色发展技术示范体系并纳入"十四五"基础条件建设规划的建议，该体系很重要的一个工作就是，依托家庭农场、农民专业合作社、农业公司等新型经营主体，建成3 000个绿色生态农场（图5-1）。

依据全国468家生态农场区域分布、投入产出、利润效益等数据，按照"十四五"期间建设3 000家绿色生态农场的初步设想，可估算出，生态农场规划体系每年可带动

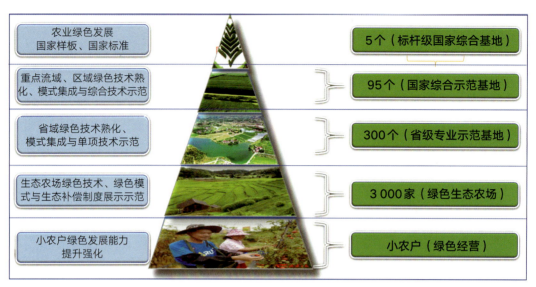

图5-1　农业绿色发展技术示范体系框架

市场投资161亿元，每年总产出近235亿元，每年总利润近74亿元，每年带动就业人数超过20万人。生态农场区域规模与综合效益估算见表5-1。

表5-1　我国生态农场区域规模与综合效益估算

区域	农场类型	农场 / 家	总投入 / 万元	总产出 / 万元	总利润 / 万元	农场就业人数 / 人	投入产出比	利润率 / %
东北	种植型	333	220 333	276 667	56 333	19 667	1.3	26
	养殖型	45	15 436	17 365	1 929	987	1.1	13
	种养结合型	231	144 231	163 615	19 385	8 308	1.1	13
	小计	609	380 000	457 647	77 647	28 962	1.2	20
华北	种植型	596	309 404	498 385	188 981	94 788	1.6	61
	养殖型	231	287 769	392 538	104 538	3 923	1.4	36
	种养结合型	167	47 500	119 500	72 000	5 667	2.5	152
	小计	994	644 673	1 010 423	365 519	104 378	1.6	57
东南	种植型	167	112 000	190 000	78 000	13 333	1.7	70
	养殖型	109	202 583	246 827	44 244	2 724	1.2	22
	种养结合型	481	164 904	242 308	77 404	26 923	1.5	47
	小计	757	479 487	679 135	199 648	42 980	1.4	42
华南	种植型	410	45 538	54 974	9 436	21 333	1.2	21
	养殖型	147	49 391	118 244	68 853	3 686	2.4	139
	种养结合型	83	11 167	25 321	14 167	2 000	2.3	127
	小计	640	106 096	198 539	92 456	27 019	1.9	87
总计		3 000	1 610 256	2 345 744	735 270	203 339	1.5	46

（1）东北地区。预计将建成609家生态农场，每年可带动市场投资38亿元，每年总产出约46亿元，每年总利润近8亿元，每年带动就业人数近3万人。

（2）华北地区。预计将建成994家生态农场，每年可带动市场投资超过64亿元，每年总产出超过101亿元，每年总利润近37亿元，每年带动就业人数超过10万人。

（3）东南地区。预计将建成757家生态农场，每年可带动市场投资近48亿元，每年总产出近68亿元，每年总利润近20亿元，每年带动就业人数超过4万人。

（4）华南地区。预计将建成640家生态农场，每年可带动市场投资超过10亿元，每年总产出近20亿元，每年总利润超过9亿元，每年带动就业人数近3万人。

新型农业经营主体和服务主体高质量发展规划（2020—2022年）》提出，到2022年，家庭农场、农民合作社、农业社会化服务组织等各类新型农业经营主体和服务主体蓬勃发展，培育家庭农场100万家。如果仅考虑家庭农场，按3%～5%比例转型为生态农场测算，可培育3万～5万家生态农场，基于前述第一手数据，我国生态农场可带动市场投资1 610亿～2 684亿元，生态农场产出2 346亿～3 910亿元，生态农场总利润735亿～1 225亿元，带动就业人数203万～339万人。2021年，农业农村部农业生态与资源保护总站与中国农业生态环境保护协会以"长三角"为重点区域，试点开展生态农场评价工作。2022年，农业农村部办公厅印发《推进生态农场建设的指导意见》，生态农场建设与培育工作在全国各地推开，反响良好。预计"十四五"期间，全国会有更多家庭农场、专业合作社及企业等经营主体发展成为生态农场，生态农场的数量会大幅增加；更多城乡居民成为中等收入人群，生态农产品的需求量也会大幅提高，生态农场产业发展和市场前景极为广阔。

5.3 生态农场商业盈利模式

目前，生态农场的商业盈利模式主要有3类：

5.3.1 产品盈利

产品盈利即通过生产和出售生态农产品盈利。随着生态农业技术的逐步成熟，生产资料成本的降低，消费规模的扩大，虽然人才成本会不断增加，但会逐步突破当前普遍遇到的赔本赚吆喝的困境，逐步实现盈利。同时通过优化经营、产品与服务双管齐下、差别化分级销售等手段，逐步实现生态农产品的市场繁荣。

5.3.2 服务盈利

服务盈利主要是指生态农场通过提供生态观光、农事体验、休闲娱乐、科普教育、餐饮活动、健康养生等服务来实现盈利。服务盈利模式取决于其功能定位，当前生态农场的经营主题丰富多样，如康养主题、休闲主题、生态主题、健身主题、教育主题、体验主题、红色主题、亲子主题等。能否盈利更多取决于服务的创意和精细程度等。

5.3.3 平台盈利

平台盈利主要是指服务于生产者与消费者两端的平台，通过提供第三方服务来盈利。一方面表现在为生产者与消费者之间的对接、交互与交易提供平台及服务，如线上店铺、产品展示、评价推荐、交易支付、物流运输等；另一方面表现为基于生产者与消费者对接的增值型服务，如产品销售、营养指导、人员培训、信用贷款、数据推送、精准营销等，涉及互联网社交媒体、人力资源、金融与数据等的服务。

5.4 生态农场未来发展趋势

可以预计，生态农场的未来发展将呈现以下5个特点。

5.4.1 产品个性化

不同于高度机械化、规模化、集约化的大农业生产，生态农场的产品与服务都是基于消费者的个性需求打造的，这是生态农场得以发展的重要生命力。从长远来看，生态农场的发展将更加注重于产品的个性化，为消费者提供多样化的产品与服务，朝着精细农业的方向发展。由于生态农场的规模一般相对较小，因此不宜发展全品类的生产与服务，每个生态农场需要寻找出适合自己发展的方向和主题，做好充分的市场调研和市场细分，有针对性地发展市场，提高竞争力。随着生态农场产品与服务的大众化，其价格体系也会因消费者承受能力的差异，逐步走向阶梯化。

5.4.2 服务会员化

某种程度上来说，生态农场的发展决定着我国会员农业的发展。为提供个性化的产品与服务，生态农场一直是生产者与消费者直接对接的场所，这种趋势将一直延续下去，互联网时代与社交媒体的发展，将这种对接变成了线上、线下的有机结合，也让会员农业的机制日益完善。随着生产者与消费者间信任程度渐深，彼此建立起更多的服务联系与资源共享，一方面消费者为生产者带来了更多的客户资源，另一方面生产者为消费者提供了更多诸如农场体验、科普教育、休闲观光等的增值服务。

5.4.3 供求平台化

生产者如何寻找消费者，消费者又如何发现用心的生产者，是双方共同面临的问题，这时候平台就发挥了重要的作用。当前已经有了一大批线上、线下的供求平台，线下的有北京有机农夫市集等，线上有春播、沱沱工社等。这种趋势随着服务会员化的发展得到长期延续。生产者通过良好的表现吸引并发现更多的消费者，消费者则通过信息推送等方式发现并选择心仪的生产者。生产者与消费者之间的交易与部分服务也将通过网络实现，不仅可以解决彼此间的信任问题，还可通过规模化加工、物流、仓储，降低成本。

5.4.4　经营连锁化

很多生态农场经营者可能都遇到过这样的问题，顾客需要的产品生产不出来，而不需要的生产了一大堆。这既与农业生产的地域性、季节性相关，也与消费者的消费喜好相关。但如果会员客户消费者的需求经常得不到满足，客户黏性就会减弱，直至失去客户。而连锁经营与加盟就可以很好地解决这个问题，让消费者把对某一个生态农场的短期信赖转变成对某一生态农场连锁品牌的长期信赖，在全国各地实现品牌化、一体化的服务，尽快走出生态农产品品类少、服务单一的发展瓶颈。

5.4.5　分工社会化

生态农场产业的发展突破了传统的观念与模式，朝着全产业链、一二三产业融合的方向发展。当前及未来的生态农业不再是单纯的不用化肥、化学农药的农业生产，市场会细分，产业链专业分工会更加细化，是一个非常有高度、有难度、有价值、有重要意义的服务业。对于未来的"新农人"，尤其是参与生态农业事业的年轻人，应该根据自己的兴趣和优势，选择包括但不限于生产端、供应链端、零售端的岗位，不一定非要在生产端扎堆。年轻人更应该具有产业整体的格局，在整个行业中最适合自己的地方发光发热，做更加优化的分工协作。比如探索培养一批宣传农耕文化、有机生活方式、有机烹饪、健康饮食的"生活顾问"，教会大家怎么吃、怎么享受健康食材。

第6章
生态农场发展面临的挑战与机遇

6.1 面临挑战

我国生态农场实践自新中国成立之初的国营农场开始，于20世纪80年代初正式提出"生态农场"的概念，经过3个阶段的发展取得了一定的成绩，有着良好的发展势头，但是在技术应用、产业融合、成本收益、销售途径及专业人才等方面仍面临诸多问题和挑战。

6.1.1 农场生态化技术水平低

生态农场生产中，少用或不用化学品导致的产量降低，是一个大家普遍关注的问题。在调查过程中农场经营者也反映，农场在病、虫、草害防治方面难以应对。调查发现，一些能有效防治病虫害、提高作物产量的生物技术，如配置林带或花带，释放天敌，引进豆科作物间、套作，使用沼液或沼渣等，在生态农场的采用率不足25%。一方面是由于生态农场经营者对生态技术运用的意识不强，另一方面也反映出当前生态农场建设缺乏强有力的技术支撑和科学指导。

6.1.2 生态农场经济收益率低

生态农场生产成本高，尽管在生产过程中减少了化肥和农药投入，但为了确保养分供应和控制病、虫、草害，会增加有机肥料、生物农药以及黄蓝板、杀虫灯和天敌等生物防控材料的投入。此外，人工除草、除虫、堆肥、施肥等都需要额外的劳动力资源，因此生态农场在人工和生物型生产资料方面投入均较高。不同类型生态农场物质成本投入一般都需要200万～300万元，另外人工成本也都比较高，一般在100万元左右。另外，生态农场收益不稳定，从收益情况看，生态农场收益率变幅较大，有相当一部分农场收益为负值，如生态总站调研的123个种植型生态农场中，44个农场出现负收益，占比达到36%，53个种养结合型生态农场中，有11个农场出现负收益，占比也达到了21%。生态农场投入品和人工成本的增加以及收益的不稳定，均影响到农场的收益，这必然会影响生态农场的长期稳定发展。

6.1.3　农场一二三产业融合度低

生态农场的重要特征是种养结合，过去几十年来我国养殖业走的是独立规模化发展道路，种养逐渐分离，给农村环境和废物循环带来很大的挑战。对全国468家生态农场进行调查后发现，有32%的农场为种养结合型生态农场，高于国内平均水平。但与生态农场的发展要求相比，种养结合型比例还比较低，有50%生态农场为单一种植型农场。80%的生态农场仅以售卖经过初级加工的农产品为主，附加值较低，经营者难以突破单一、狭隘的思想限制。较少以全局性、综合性的眼光，全方位谋划考虑生态农场可能具有的多种服务功能，例如：农场+康养、农场+教育、农场+体验、农场+餐饮、农场+民宿、农场+观光等。生态农场在布局谋划中缺乏对一二三产业相结合经营模式的考虑，使得三次产业融合度低，产业结构不尽合理。

6.1.4　从业人员文化水平不高

从业人员文化水平不高，相对于传统的农业生产，尤其缺乏专业人才。生态农场的经营与管理涉及一些专业技术与管理方法的运用，而大部分农场经营者学历水平在高中及以下，懂农技、善经营、会管理的高级人才在生态农场少之又少。专业素质不高的农场管理人员很难把握农场发展的正确方向，在前期不能对农产品的结构做出合理选择，在生产过程中不能做好病虫害预防，病虫害发生后又不能有效治疗。缺乏专业的人才使得生态农场在经营过程中只重眼前利益，容易出现决策失误、工作效率低、工作质量差等问题。

6.1.5　生态农业补偿制度难落地

目前，财政部、农业农村部已经就"建立以绿色生态为导向的农业补贴制度"进行改革，并将农业生态环境保护纳入农业补贴范围。实践证明，这些惠农政策起到了促进粮食增产和农民增收的实效。然而，生态农业补偿从政策到制度设计仍缺乏可操作性。一是生态农场激励并不显著。与常规农场相比，生态农场投入较高、环境效益强，更应得到国家政策倾斜和较多补贴，然而调查发现，生态农场所获补贴和常规农场没有太大差别。二是生态农业补贴缺乏标准体系。截至2020年，我国生态农场和生态农业缺乏生态农业补贴指南、补贴方式、补贴额度、补贴步骤和监管方式不清楚、不规范，导致管理和实施农场层面生态农场补贴难操作、难落地。亟需建立有效的以绿色生态为导向的政策激励机制与标准体系，给予生态农场更多的补贴和支持，这也是生态农场在发展过程中需要及早解决的政策性问题。

6.2　发展机遇

6.2.1　农业高质量发展提供了生态农业发展的政策机遇

2020年11月，党的十九届五中全会指出，决胜全面建成小康社会取得决定性成就，我国已转向高质量发展阶段。《中共中央关于制定国民经济和社会发展第十四个五年规划和二〇三五年远景目标的建议》要求，坚定不移贯彻创新、协调、绿色、开放、共享的新发展理念，以推动高质量发展为主题，以深化供给侧结构性改革为主线，以改革创新为根本动力，以满足人民日益增长的美好生活需要为根本目的。要求生态文明建设实现新进步，到2035年，广泛形成绿色生产生活方式。这就要求农业生产更加注重资源节约、更加注重环境友好、更加注重生态保育、更加注重产品质量，提供更多优质农产品和生态服务产品，不断满足人民对高质量发展、高品质生活的向往。

6.2.2 群众高质量生活提供了生态农业发展的消费需求

在经济总量大幅提高的同时，我国人均国内生产总值（GDP）也不断迈上新台阶，先后达到和高于中等偏上收入国家水平。国家统计局报告显示：2010年，我国人均GDP达到4 340美元，首次超过中低收入国家水平，进入中等偏上收入国家标准。2019年，全年我国GDP接近100万亿元，稳居世界第二位，我国人均GDP进一步上升至70 892元（折算为10 276美元），首次突破1万美元大关，高于中等偏上收入国家平均水平。我国恩格尔系数明显下降，人民生活水平显著提高。2019年，我国居民恩格尔系数为28.2%，连续8年下降，已达到联合国20%～30%的富足标准。环境库兹涅茨曲线理论认为当人均收入超过临界点（6 000～8 000美元）时，全社会才会重视并理性反思环境问题，促进环境质量开始变好。人均GDP跨越1万美元节点，居民收入水平不断提高，随着中国中等收入群体规模的持续扩大，人们对健康生活、品质生活的追求也在不断提升，对绿色农产品的需求也日益增加。

6.2.3 农业可持续发展提供了生态农业发展的持久动能

2018年，FAO举办的第二届国际生态农业研讨会在意大利罗马召开，上百个国家的700多名政府官员、民间组织、私营机构和联合国机构代表出席了会议，共同探讨支持扩大生态农业的因素和行动。这次会议的重要共识是，生态农业转型有利于建立可持续的粮食生产系统。IFOAM国际有机联盟（IFOAM-OI）指出，全球绿色食品市场持续增加，以有机农业为例，2018年，全球有机农地面积增加了200万公顷，增长率为2.9%，其中，欧洲农地面积增长了近125万公顷（增长8.7%），亚洲有机农地面积增加了54万公顷，增长了近8.9%，北美洲有机农地面积增加了近10万公顷，增长超过3.5%。同样，支持扩大生态农业有关的培训和宣传至关重要，英国的连接环境与农业组织（LEAF）摒弃了需高昂费用支出的第三方认证模式，通过农民、教育者等会员组建组织网络，广泛参与农场生产，教授农业发展、绿色食品、环境可持续发展、自然教育等内容，实现农业可持续发展。

第7章
生态农场发展对策建议

7.1 构建生态农场建设评价认定体系

为推动生态农场建设，准确了解和把握全国各地区生态农场建设实际情况，有必要构建一套符合具体国情和农情的生态农场建设评价体系。

在建设内容上，主要开展的工作：一是通过集成应用生态农业技术，配套生态环境监测设施设备，建立全过程台账系统，培育一批标准化生态农场。二是开展耕地质量提升、化学投入品减量，营造生态田埂、生态沟渠等生态基础设施，实施农作物秸秆、畜禽粪污、地膜等循环利用措施，形成生态农场技术标准，集成生态循环农业模式。三是系统分析农场生态农业技术措施和投入成本，明确补偿环节、补偿对象、补偿标准和补偿方式，探索建立可操作、规范化的生态农场补贴制度。四是鼓励以生态农场为核心，与农户、服务组织、企业等组建生态产业联合体，形成利益共享、风险共担的合作机制。

在评价内容上，生态农场是以可持续发展理论和农业产业为支撑，包含作物种植、畜禽养殖、水产养殖、种养结合4个方面内容。根据建设一批自我发展、良性循环、高效运转的生态农场发展总体目标，结合农学、生态学、系统学、环境工程等相关理论，按照"整体、协调、循环、再生、多样"的建设要求，遵循科学性、可操作性、系统性、导向性和可比性指标选取原则，参考国内外通用的指标体系研究方法和框架，借鉴国家和地方发布的有机产品标准、良好农业操作标准和农业生产经营主体的相关政策，构建一套包括34项基本要求（一票否决的指标）和18项评价指标（综合评价得分指标）的生态农场综合评价指标体系，该标准体系须覆盖种植型、养殖型和种养结合型等生态农场。

在评价程序上，按照"自愿申报、专家评审、择优遴选、兼顾布局"的原则组织申报，主要分为材料报送、专家评审、现场评审、授牌建设、复评复审5个阶段。中国农业生态环境保护协会、农业农村部农业生态与资源保护总站会同有关部门，组成生态农场评审专家委员会（简称评审委员会），组织专家依据《生态农场评价技术规范》（NY/T 3667—2020）对申请材料进行评审，生态农场评审工作每年组织1次。推荐主体分为单位推荐和专家推荐，委托专业机构设计生态农场服务平台（包括手机端和电脑端），资料填报以线上填报为主，线下申报为辅。评审委员会确定初选农场并开展现场评审，出具现场评审报告，依据综合评价意见择优确定建设主体，建设期为2年，建设末期进行生态农场复评，授予相应等级的生态农场称号，复审周期为3年。

在评价效果上，在建设期间，中国农业生态环境保护协会、农业农村部农业生态与资源保护总站组织专家，按照不小于10%的比例从生态农场中随机抽查，开展监督核查。持续跟踪、监测试点农场的建设成效和运行情况，及时开展经验总结和绩效评估，加强技术指导和服务保障，促进相同区域、不同类型生态农场之间的学习交流。剖析典型案例，归纳成熟的技术路径、建设模式和利益（产业）链衔接机制，提炼和剖析典型案例，加大宣传力度，示范推广成功经验。

7.2 健全农场生态农业补偿制度体系

坚持绿色生态导向的原则，探索建立我国生态农场生态循环农业建设的技术框架，提高农业支持政策的指向性、精准性和实效性。

在框架构建上，结合欧盟共同农业政策（Common Agricultural Policy, CAP）、英国环境管理项目（Environmental Stewardship, ES）、美国基于资源与环境的最佳管理措施（Best Management Practices，BMP）等先进经验，推动建立面向生态农场的农业生态补偿技术清单和补偿标准。一是开展农业资源节约，主要包括耕地保护、水资源保护、生物资源保护和外来生物入侵防治；二是开展农业环境保护，主要包括投入品（化肥、农药、地膜、有机肥等）减量增效、农业废弃物（畜禽粪便、"三沼"利用、秸秆综合利用、农药包装物回收等）资源化利用；三是开展农业生态修复，主要包括生物多样性保护与利用（鸟类保护）、轮作休耕、保护性耕作、渔业资源保护、田园景观建设与维护、生态设施建设（河道缓冲带、植物篱）等。在明确框架边界的基础上，建立起面向生态农场的农业生态补偿标准体系，探索以资金补偿、政策补偿、技术补偿、实物补偿相结合的综合农业生态补贴方式。

在机制构建上，系统梳理我国农业补贴的六大类36项政策，探索有关政策资金的整合使用，不断提高农业生态补贴份额，逐步扩大"绿箱"支持政策的实施规模和范围，形成持续支持的政策框架，并建立起补偿政策的考核评价机制。一是在执行层面形成规范流程。研究制定出一套包括信息发布、任务申领、合同签订等在内的完整操作流程，为不同主体开展农业生态工程技术应用提供规范化指引。二是在效果层面形成评价标准。依托第三方主体，建立有效的评估内容、评估方法、操作规程，对农业生态补偿政策的实施过程、实施主体、预期效果等进行全面评价。三是在目标层面形成激励机制。对评价结果进行等级划分，强化对目标结果的应用，建立起具体的奖励、惩罚和监督措施，形成有效的推动农业生态补偿政策应用激励机制。

在推进方式上，考虑到农业生态补偿框架的探索性，各类利益关系调整的复杂性，建议遴选政策力度大、创新能力强、工作基础好的省份（例如长三角三省一市区域或部分重点区域）开展前期探索，开展农场尺度农业生态补偿试点，依托生态农场，开展受偿意愿和支付意愿调查，建立生态农场生态农业技术补偿标准清单，设计面向生态农场的综合生态补偿方案。

7.3 打造现代生态农场数字化体系

在大数据精准管控方面，在近年来的发展中，生态农业处于一种高速但又无序的状态，建立生态农业产业大数据网络迫在眉睫。有必要用大数据手段采集、监测全国生态农场的发展潜力、生产规模动态、防灾抗灾能力、产品服务输出、出口贸易等全链条数据与信息，基于数据要素的有机整合，涵盖生产、电商、舆情网络等大数据资源，根据国内外生产、流通、市场、消费以及舆论环境等，形成热度、偏好、风险等产业指数体系，以利生产、消费和决策管理部门及时跟踪国内外产业形势，建立预警机制与风险应对机制，并及时做出决策部署，实现精准施策。

在大数据精准服务方面。通过网络大数据挖掘与分析工具，对主流网站平台、知识服务社区、社交媒体平台等全网数据统计型、宣传发布型、观点表达型、交流互动型信息资源进行分析，分类关注不同年龄、区域、消费层级人群的消费习惯、消费能力、营养与饮食需求，了解消费现状、消费亮点、消费偏好、消费期望等动态信息，做好精准挖掘。在了解消费需求基础上，掌握国内外生态农业/农场的产品与服务进展、成熟经验、消费反应等诸多信息，精细服务消费群体，指导生态农业生产主体的产业布局决策与调整。

在大数据正确引导方面，对于网络谣言，生态农业产业管理与行业研究部门应及时进行舆情疏导，善于把政府和专家提供的信息转化为网民可理解、可信任的知识，化解广大网民的无端猜疑。通过宣传生态农产品的营养与烹饪特点，影响并引导消费者合理饮食、节约食物；主动引导社会大众科学的消费观，改变传统的、不良的却误以为生态的消费习惯，使生态农产品的消费规模逐渐扩大，保障广大消费者健康；引导消费者把注意力从食品本身放大到整个生态农业产业，用舆情大数据引导生产者、消费者及流通商注重全过程的生态与环保。相关科研团队和专业机构应转变思想，除了做好常规的科学研究和业务管理外，把一部分时间和精力放到对接市场、服务消费中，利用大数据做好精准施策。

7.4 生态农场产业化发展工作机制

建设生态农业产业联合体。新型经营主体是发展富民乡村产业的重要载体，正在成为乡村振兴的生力军。2020年中央一号文件明确要求重点培育家庭农场、农民合作社等新型农业经营主体，培育农业产业化联合体。以新型农业经营主体为着力点，采取政府引导、企业主体、整体推进的运行方式，支持有条件的生态农场及相关服务组织，加强农业清洁生产体系建设和优势特色生态产业培育，探索农业生产发展与生态保护并重的新路子，形成农业生态补偿机制和综合性解决方案，不断推进农业转型升级和绿色高质量发展。

组建产业联盟推动产业化。由生态农业领域相关企事业单位、高校、科研院所、社会团体和从事生态农业活动的专家学者联合发起的产业联盟或技术联盟，以农业生态环境建设、农产品安全生产为核心，凝聚现代农业、林业、生物、环保等科技创新与产业资源，构建"产、学、融、研、用"合作与利益共享机制，创新商业模式，重点突破生态农场全产业链标准化技术与信息技术瓶颈，整合和提升生态农业领域企业的自主创新能力，提高生态农业技术的综合应用与服务水平，促进和加快生态农业的整体发展进程。

带动小农户开展生态农业。通过"企业+基地+农户"、农民专业合作社等组织形式，优化生产模式，高效利用农业资源，实行"种养+再循环"的微观生产模式。主要有3种模式：农户庭院循环模式，以个体农户庭院经济为依托，围绕种植、畜牧、水产业等构建循环农业模式；农业合作社循环模式，以农民为参与主体，联合小农经营的农户构建农业合作社，通过各种投入要素的优化组合，实现资源的有效配置；企业合作循环模式，农产品生产者、提供者与农业生产经营服务的相关企业进行有效合作，构建高效生态循环模式，实现企业和农民的共赢。

7.5 建立生态农场发展投融资机制

创新多元化投融资制度。强化财政投入稳定增长机制，优先保障对生态农场/农业的投入，坚持把农业绿色发展作为固定资产投资的重点领域。鼓励各级政府和社会资本设立生态农场/农业建设投资基金，采取多种方式撬动社会资金，支持生态农场/农业建设。加快推进农场土地制度改革和农村集体产权制度改革，完善土地规模化经营、土地抵押贷款等制度，拓宽生态农场/农业融资渠道。创新金融组织形式，积极组建生态农场/农业担保公司、农村资金互助合作社、村镇银行和小额贷款公司等新型农村金融组织，扩大反担保抵押物范围，搭建整合农村零散资金的平台，丰富农村投融资体系。

建设农业农村信用体系。推动农村征信体系建设，依托全国信用信息共享平台，整合工商、税务、司法等信息，建立健全生态农场收支账目和经济活动等信用档案，完善生态农场信用信息基础数据库，推进、完善农业农村信用体系建设。以服务生态农业经营主体融资需求为重点，推进信用法律制度建设，强化信贷资金对绿色生态农业的支持。建立规范的信用中介评价机构，依据信用等级推出生态农场差别化投融资政策，加大对生态农场/农业信贷违约行为的惩罚力度，净化农业农村金融生态环境。

构建生态农业投融资运作平台。创新生态农场/生态农业投融资模式，规范生态农场投融资运作平台，保证投融资双方的合法权益，促进投融资平台及时公开自身资金使用情况和信贷资金债务，对担保行为进行严格监管。开展新型投融资运作平台建立试点，及时总结推广试点经验，不断完善平台主体的设立条件、组织运作规范、内部管理规章和外部监管制度。建立生态农场投融资信息沟通和分享机制，为地方政府、金融机构以及生态农场、企业和园区等提供线下线上交流平台，与线上投融资项目推介形成立体化的交流格局。

7.6 形成绿色消费者培养引导机制

　　绿色消费是指以节约资源和保护环境为特征的消费行为，主要表现为崇尚勤俭节约，减少损失浪费，选择高效、环保的产品和服务，降低消费过程中的资源消耗和污染排放。积极培养引导绿色消费是促进生态农业发展的重要驱动力。

　　完善生态农场标准体系。健全生态农场农产品、生态产品的标准体系，扩大标准覆盖范围，加快制修订生态农场及其产品生产过程的能耗、水耗、物耗以及终端产品的能效、水效等标准，动态调整并不断提高相关产品的资源环境准入门槛，做好计量检测、应用评价、对标提升等工作。加快实施环保"领跑者"制度，研究建立生态农场"领跑者"制度。

　　广泛推进主题宣传。深入实施节能减排全民行动、节俭养德全民节约行动，组织开展绿色家庭、绿色商场、绿色景区、绿色饭店、绿色食堂、节约型机关、节约型校园、节约型医院等创建活动，表彰一批先进单位和个人。把绿色消费纳入全国节能宣传周、科普活动周、全国低碳日、环境日等主题宣传活动，充分发挥工会、共青团、妇联以及有关行业协会、环保组织的作用，强化宣传推广。各主要新闻媒体和网络媒体要积极宣传绿色消费的重要性和紧迫性，在黄金时段、重要版面发布公益广告，及时宣传报道绿色消费的理念、经验和做法，加强舆论监督，曝光奢侈浪费行为，营造良好社会氛围。

　　开展反食品浪费行动。贯彻落实《关于厉行节约反对食品浪费的意见》，杜绝公务活动用餐浪费，在国有企事业单位食堂实行健康营养配餐，在具备条件的地方推进自助点餐计量收费，减少餐厨垃圾产生量。餐饮企业应提示顾客适当点餐，鼓励餐后打包，合理设定自助餐浪费收费标准。推行科学文明的餐饮消费模式，提倡家庭按实际需要采购食品，争做"光盘族"。加强粮食生产、收购、储存、运输、加工、消费等环节管理，减少粮食损失浪费。

第8章
生态农场典型案例

8.1 阜城县张家桥桃种植农民专业合作社："秸秆—牛—肥—冬桃"生态循环产业

8.1.1 基本情况

阜城县张家桥桃种植农民专业合作社位于河北衡水，农场以国家和地方生态环境规划为依据，紧紧围绕调整农业结构、建设社会主义新农村、脱贫致富奔小康，发展生态经济、现代农业模式，创新农林机制。采用"合作社+家庭农场+基地+农户"的组织模式，在各级党委和政府的引导与帮助下，陆续流转了张家桥村、王怀玉村和刘枣胡村土地1 200亩。与中国农业科学院果树研究所、中国科学院动物研究所合作，先后建成万吨秸秆回收、百头肉牛养殖、千亩冬桃种植三大产业，形成了秸秆回收喂养肉牛、牛粪发酵制成有机肥、有机肥种植冬桃的生态循环农业产业链。

8.1.2 主要做法

8.1.2.1 秸秆回收加工利用

农场自购机械，收割本农场及周边村镇的玉米秸秆，秸秆经地坑、打包等工序，厌氧发酵制成肉牛饲草（图8-1）。肉牛饲草一部分用于农场肉牛养殖，剩余的饲草销往内蒙古、黑龙江、吉林、辽宁、北京、天津、山东、山西、河南等地。

图8-1　回收农作物秸秆

8.1.2.2 肉牛养殖

农场养殖肉牛300多头，以西门塔尔母牛为主。母牛喂食以饲草为主，精料为辅，每年养牛场消化玉米秸秆2 000多吨。养牛场每天产生粪便10余米³，收集至自建沼气池发酵，生成的沼渣、沼液用作冬桃肥料。

8.1.2.3 冬桃种植

农场有冬桃种植基地1 020亩，全部采取适合机械化作业、节省劳动力的主干型种植模式，并采取节水灌溉、施用有机肥、生物物理防虫、枝条粉碎还田、行间生草等生态农业技术措施（图8-2）。

图8-2 收集秸秆（A、B）、粉碎的桃树枝（C）并发酵处理（D）

购置铲车、抓车、挖掘机、果园自走式作业平台、分拣机、撒粪车、施肥机、运输车、装车机等多种作业机械，使生产过程中的施肥、剪枝、套袋、拆袋、摘果、选果、运输、装车等基本实现机械化或半机械化作业（图8-3）。购置碎枝机、还田机、旋耕犁等，将剪掉的桃树枝和行间草打碎，加入牛粪、霉变玉米秸秆等制肥还田，增加土壤有机质。安装智能滴灌节水系统，提高水资源利用效率。

重点推广、利用振频式太阳能杀虫灯、昆虫迷向丝、粘虫板、诱捕器等物理防虫技术和释放七星瓢虫、赤眼蜂等生物防虫措施，优先选用对桃园害虫天敌和蜜蜂低毒或无毒的防治药剂（图8-4）。

图8-3　滴灌设备（A）、间作还田（B）、自走作业平台（C）

图8-4　杀虫灯（A）、迷向丝（B）、粘虫板（C）、诱捕器（D）

8.1.3　综合效益

经济效益：秸秆回收制成的有机肥，年销售量约1.7万吨，收益500多万元。养牛场仅犊牛售卖年纯利润逾百万元。冬桃种植是农场的主导产业，在不受灾的情况下，每亩产桃4 000斤，亩收入在1.6万元左右，总收入1 600多万元。

生态效益：农场实行的种养结合模式，增加了养分利用率，提高了土壤有机质，改善土壤生物生存环境，促进农产品增收，减少二氧化碳排放，能源节约超80%。秸秆回收、制肥、销售助力解决当地秸秆利用难的问题，实现增收。将秸秆制成饲草，降低饲料成本，实现"秸秆变肉"。农场的机械化作业方式可节省60%劳动力。使用智能滴灌节水系统，亩节水60%以上。冬桃种植采用绿色防控技术，减少化学农药使用量30%以上。据抽测，农场冬桃农残抑制率为5.01%，低于市场冬桃农残抑制率（19.7%）。2021年4月，农场被认定为河北省桃全程绿色防控示范区。

社会效益："秸秆—牛—肥—冬桃"生态循环产业模式使张家桥村脱了贫，成为全县乡村振兴示范村。农场先后购置玉米茎穗兼收联合收割机11台，秋收时节为崔庙镇、古城镇、码头镇等20多个周边村庄的父老乡亲免费收割玉米1.5万亩（约2万吨），为当地农户节约收割费用90多万元。

品牌打造：与中国农业科学院果树研究所、中国科学院动物研究所合作，引进优良品种，农场冬桃糖度经抽测为17.3，市场上其他冬桃糖度约为11.0。每年春、秋季分别举办桃花节和冬桃节，邀请各地文工团来农场演出，邀请新华社、人民日报、中国新闻社、中央电视台、河北日报、河北电视台等主流媒体对农场的生态循环农业模式进行报道。中央电视台财经频道《生财有道》栏目对农场进行报道，社会反响强烈。此外，农场每年通过微信推广、衡水市区电子大屏、街道广告牌等方式进行宣传，提高了"张家桥冬桃"的品牌影响力（图8-5）。

图8-5　"张家桥冬桃"商标及广告牌

8.2 山西壶口有机农业有限公司：有机旱作生态农业

8.2.1 基本情况

山西壶口有机农业有限公司位于山西省临汾市吉县，东邻高祖山，西接人祖山，区域地势呈阶梯状，海拔1 100～1 300米，为黄土高原半干旱丘陵区。所属农场占地面积1 059亩，有苹果等经济作物571亩，粮食作物200余亩，其他种养殖区域200余亩，生活、康养、农事体验区100余亩。农场采用"公司+科研院所+农户+农场"的组织模式，利用生态有机旱作集成技术发展种养循环农业，通过对种植和养殖的合理组合与管理，实现物质循环和能量转化，保证资源匹配、环境友好、食品安全，以获得最大产能和可持续发展；同时形成产研学、文创、农旅、康养等生态经济新业态，示范推广农业社会化服务（图8-6）。

图8-6 山西壶口有机农业有限公司生态种养循环农业示意图

8.2.2 主要做法

有机旱作生态农业模式包括农地质量提升、农水集约利用、新技术和新产品集成、农机农艺融合配套、绿色清洁循环、物种多样性保护等技术内容。

8.2.2.1 农地质量提升

农场通过坡改梯田、建设田间林网、修筑地埂、护坡种草等土地生态保护、利用措施和深翻改土、局部改良、中耕通气、种植绿肥等土壤改良措施，提升农地质量（图8-7）。

8.2.2.2 农水集约利用增效

农场通过建设各类集雨设施，采用水肥一体化、滴灌、路面集雨、软体水窖储水等技术，实施在护坡种草或绿肥等措施，节约用水、强化农场集水能力，提升农水的利用效率（图8-8）。

图8-7 坡改梯田（A、B）、局部改良（C）、种植绿肥（D）

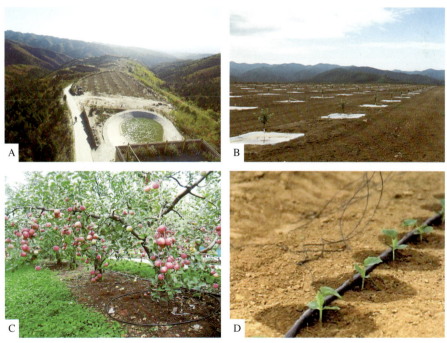

图8-8 蓄水坝（A）、树盘集雨（B）、滴灌设备（C、D）

8.2.2.3 新技术和新产品集成

采用四季调整剪枝、乔化稀植大冠技术，改变传统果业种植习惯。新型的树体结构便于机械化操作与果树生长。注重优质绿色新型投入品的使用与管控。利用太阳能杀虫灯、粘虫板等物理防治虫害，采用种植生物隔离带、叶面喷施沼液/木醋液、木焦油防治苹果腐烂病等方法防治果树病虫害（图8-9）。

图8-9 乔化稀植大冠（A、B）、绿色农药（C、D）

8.2.2.4 农机农艺融合配套

配套新农艺技术，使用翻耕深松保墒机、中耕机、植保节水弥雾机、割草机、无人机等农用机械进行整地、灌溉、除草等（图8-10）。

8.2.2.5 绿色清洁循环

构建畜禽粪便基本利用、农膜回收再生利用、秸秆处理利用、能源化利用等相结合的绿色清洁循环技术体系。畜禽粪便通过微生物厌氧发酵、与废弃树枝沤制生物菌肥等方式，实现畜禽粪便资源化利用。严格监管农膜回收再利用。废弃树枝干馏制木焦油与木醋液，或粉碎后作为菌菇栽培原料或畜禽舍垫料等，实现废弃树枝、秸秆资源化利用。利用太阳能照明、生物质炉燃料、绿色清洁新能源供暖等措施，节约能源。

8.2.2.6 物种多样性保护

通过种植多种作物、采取种养结合等措施，提升农场种植、养殖物种多样性。根据果树树龄、树形大小，间种油葵、花生、蔬菜、甘薯、大麦等品种，在果园边坡种植

图8-10　翻耕深松保墒机等机械

野玫瑰或波斯菊，果园内养鹅。通过建设生物寄生带、隔离带等，为害虫天敌提供栖息地，为各类生物提供适宜生境（图8-11）。

图8-11　农场生物多样性丰富

8.2.3 综合效益

产品优质：农场通过了欧盟有机认证和供应深圳农产品认证，产品受到广大消费者认可。农场"乐之然"苹果荣获"国际现代绿色农业博览会优质农产品金奖（2020年）""亚洲国际有机产品博览会年度优质产品奖（2021年）""中国有机百强品牌（2020年）"。

社会效益：通过成立农业社会化服务联合体，推广有机旱作生态农业模式。目前有托管生产苹果种植区6000余亩，助力吉县苹果产业"规模化、有机化、标准化、品牌化"发展，辐射带动1000余户果农增收致富，帮助300余户贫困户脱贫。培养输出了一支知识型、技能型、创新型农业经营队伍和懂农业、爱农村、爱农民的"三农"工作队伍。

农场荣誉：被评为国家有机食品生产示范基地、山西省苹果有机旱作标准化示范基地，荣获山西省农村创新创业项目创意大赛一等奖、临汾市"市长创新奖"。

8.3 乌兰察布市瑞田现代农业股份有限公司：北方农牧交错区一体化种养

8.3.1 基本情况

乌兰察布市瑞田现代农业股份有限公司位于内蒙古农牧交错区，现有流转土地15000亩，核心区9000亩，农业科技试验示范基地500亩。所属农场以养殖为主，种养结合，建有标准化牛舍13栋，奶牛存栏3500头，肉牛存栏1000头，有5000亩青贮玉米田、4000亩马铃薯田，拥有农机设备130台（套）。农场以"资源高效、粮食安全、循环利用、营养健康、环境友好"为发展理念，种养一体化生产，产出绿色产品，保护生态环境。所属农场采用"公司+合作社+农户"的经营模式，对长期承包的土地进行高标准农田建设，由公司自种；合作社的村集体土地由村集体代表村民入股，定期进行股东分红；种植大户的土地纳入产业联合体，农户可获得公司提供的贷款担保、生产资料购买、销售渠道拓展等各项服务（图8-12）。

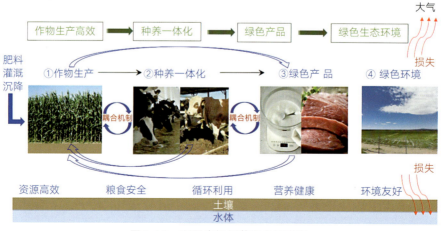

图8-12 所属农场经营理念示意图

8.3.2 主要做法

在根据资源承载力，科学测定种植、养殖规模的基础上，在资源方面，应用氮肥精准管理技术、智能化管理系统；在环境方面，将废弃物多元化循环利用；在生态方面，采用物理灭虫、玉米高留茬收割等措施，实现资源节约、环境友好和生态安全。

8.3.2.1 科学测定种养殖规模

针对我国北方农牧交错区水资源短缺、生态环境脆弱等突出问题，以生态环境承载力为约束，以绿色发展为目标，依托新型农业经营主体，提炼创新种养平衡型生态农业发展模式，研发集成节水、节肥、节药、节工等资源节约型生态农业技术体系，探索建设农业生产全程社会化服务等人文生态体系及其运行机制，促进一二三产业深度融合。围绕农牧交错区特点，打造"为养而种"的生态农场样板：根据区域水资源量确定养殖规模，根据养殖所需饲料量、产生的有机废弃物量、区域灌溉资源量等，综合确定种植规模，确保种植、养殖规模在资源承载力范围内（图8-13）。

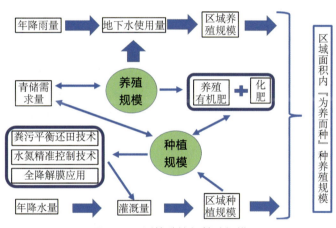

图8-13 测算种植与养殖规模

8.3.2.2 氮肥精准管理

通过土壤养分测定，耦合作物养分吸收与土壤养分供应关系，精准管理马铃薯、玉米等作物的氮肥施用，减少氮的气体损失与淋溶损失，减少化学氮肥投入，显著降低土壤氮素盈余，从而降低氮素损失带来的环境风险。马铃薯田优化氮肥施用后，可达到稳产、减氮、节本效果，青贮玉米田优化氮肥施用后，可实现增产、减氮、节本效果（图8-14）。

8.3.2.3 智能化系统应用

通过MAP智农监测平台，可以查看地块的遥感影像、天气状况、积温积雨、气象灾害、病虫害等信息，从而判断作物长势，分析田块潜在问题等。通过自动化智能灌溉系统，可以实现农场水肥一体化控制，远程设置地块灌溉面积、时间、灌溉模式、每亩用水量、单次及总体施肥量等。通过新牛人云计算牛场管理系统，可以实现精确饲喂、智能预警、疾病远程诊疗等（图8-15）。

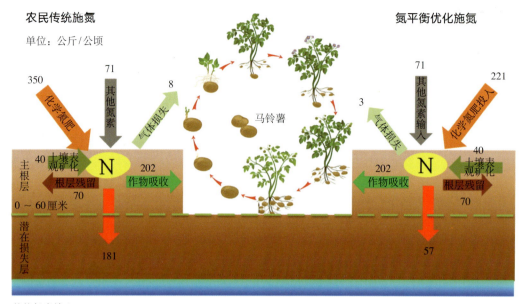

其他氮素输入：
干湿沉降：34公斤/公顷　灌溉：15公斤/公顷　种子：7公斤/公顷　非共生固氮：15公斤/公顷

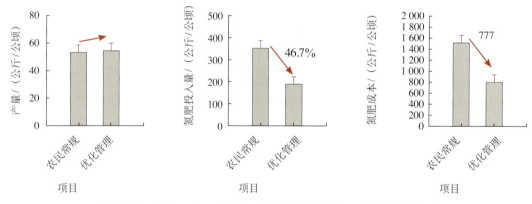

图8-14　优化施氮达到稳产、减氮、节本效果——以马铃薯为例

8.3.2.4　废弃物多元化循环利用

分类处理并利用养殖场粪污。肉牛粪污一部分用于蚯蚓生态养殖，养殖后粪污还田。另一部分同奶牛粪污一并进行干湿分离处理，液态粪污沉淀后，澄清液用于清洗牛舍或浇灌园区绿地；固态粪污发酵后用作奶牛牛床垫料，或进行粪污还田。所属农场蚯蚓生态养殖占地100亩，年养殖蚯蚓300吨，改良粪污15 000吨。应用全生物降解地膜降低白色污染，医疗废弃物、其他普通垃圾、病死牛等由定点公司或环境卫生管理所集中回收或处理（图8-16）。

8.3.2.5　其他生态化做法

安装灭蝇灯等对害虫进行物理灭杀。玉米高留茬收割，收割的青贮玉米牛食用后消化快、消化率高；留茬部分用于还田，改良土壤（图8-17）。

图8-15　农场智能化系统应用

图8-16　牛舍粪污固液分离及牛床垫料再生系统

图8-17　杀虫灯（A）、玉米高留茬收割（B）

8.3.3　综合效益

产品优质：根据2019—2021年检测指标结果，农场所产牛奶品质检测超过国家与国际标准要求：脂肪含量3.9%～4.0%，超过国家标准3.2%、欧盟标准3.1%；蛋白质含量3.3%～3.4%，超过国家标准2.9%、欧盟标准2.8%；菌落数量0.8万～1.3万CFU/毫升，远低于国家30万CFU/毫升、欧盟50万CFU/毫升的要求；体细胞数量12.9万～15.5万个/毫升，远低于国家75万个/毫升、欧盟80万个/毫升的要求。

经济效益：农场养殖与农机服务利润逐年增高，种植效益有所降低。2020年，农场养殖利润近千万元，农机服务利润近百万元，种植利润56余万元，养殖与农机服务经营净利率约12%。

环境效益：经监测与测算，青贮玉米和马铃薯田通过优化施肥管理，实现氮素施用减少50 133公斤，氮减排1 626公斤，氮淋溶损失减少24 015公斤，土壤氮素盈余减少79 733公斤。

社会效益：农场先后被评为全国"万企帮万村"精准扶贫行动先进民营企业、帮扶村集体经济发展先进单位，2019—2021年，合计发放扶贫款259.3万元，帮助区域农户脱贫。农场积极创设职业培训学校，开展高素质农民培训，助力乡村振兴。

8.4 上海马陆葡萄公园有限公司：标准化管理，全过程追溯

8.4.1 基本情况

上海马陆葡萄公园有限公司位于上海西北部的"全国乡村旅游重点村"大裕村，总面积420.87亩，种植面积258亩，是集葡萄生产、科研、科普、示范、培训、休闲于一体的现代生态农业园区。所属农场秉承"做一流农产品，从维护生态环境开始"的理念，不断优化控产提质的栽培技术、"四诱一网"的绿色防控技术和生产全过程追溯，实现葡萄精准管控、高质量生产，确保为市场提供"有市有价、安全放心"的高质量葡萄（图8-18）。

图8-18 上海马陆葡萄公园

8.4.2 主要做法

8.4.2.1 配备精良生产装备

上海马陆葡萄公园全园采用设施连栋大棚装备，配置电动卷膜。实行水肥一体化自动灌溉、施肥，机械化病虫害防治。全园利用物联网技术进行环境信息的采集、监测，

实时监测土壤、水质。采用自动化补光、补气提高葡萄品质，降低病害发生。采用臭氧水消毒系统及施药高压微喷雾系统，进行杀菌消毒、降解农药。

8.4.2.2 总结出一套葡萄栽培模式

通过多年探索实践，总结出一套省力、高效、轻简化的葡萄栽培模式，包含垄式种植、半稀植栽培、平棚架双主蔓分组整形等。该栽培模式可实现每亩地用肥量减少50%，土地管理面积减少70%，劳动力降低30%。

8.4.2.3 培养健康土壤

建立了合理的年周期施肥制度，以秋施有机肥为主，同时采取种植绿肥、生草栽培、秸秆覆盖，以及冬季深翻，春、秋季中耕的土壤管理模式等，培养健康土壤，增加土壤有机质，提升有益微生物数量。农场利用葡萄园粉碎枝条、动物粪便、园内杂草等有机废弃物，遵循标准化工艺自制有机肥。使用的商品有机肥除了常见的畜禽粪便、秸秆等制成的之外，还有菜籽饼肥、骨粉肥料等。重视生物菌肥和矿物源肥料的使用，如有机豆饼粉、复合微生物肥，腐殖酸水溶肥等（图8-19）。

图8-19 自然生草（A、B）、鼠茅草和蚕豆套种（C）、水稻秸秆覆盖（D）等土壤培育措施

8.4.2.4 使用"四诱一网"病虫害绿色防控技术

采用物理和生态防治代替化学防治,加强综合管理,重视植物源、矿物源和微生物农药的使用,提高果品安全性。全年使用防虫网,夏、秋季各换1次黄板,春、夏、秋季使用杀虫灯,6—7月增设性诱剂、捕虫器、糖醋液等,利用人工剥树皮、树干涂白、及时清园等措施降低病害发生基数。早春葡萄萌芽期用3~5波美度石硫合剂消毒,开花前再用1次0.01波美度石硫合剂防治病虫害,用熬制石硫合剂沉淀下来的渣子涂抹树干,防治蜗牛等害虫上树为害叶片(图8-20)。

埋蚕豆

树体涂刷石硫合剂渣子

杀虫灯

人工除草

棚内挂黄板

防虫网

剥树皮

性诱剂

图8-20 "四诱一网"绿色防控技术

8.4.2.5　严格实行废弃物回收再利用

有机废弃物全部回收，用于自制有机肥。将冬季修剪的葡萄枝条和夏季除掉的枝、叶、果以及地头路边的杂草，经粉碎，与动物粪便、细土按比例混拌，分层堆放，浇透水后用塑料薄膜封闭，定期测量堆肥温度并翻堆2～3次，经过腐熟发酵即可使用（图8-21）。

建立包装废弃物回收台账。对于生产过程中使用完后的农药、肥料、农膜、黄板等包装废弃物，统一收集并放到固定位置，将可以二次利用的回收利用，不能利用的农药包装由负责人统一收集送至上海市嘉定区农业服务中心，农膜统一收集后，交由废品收购单位统一集中回收。

冬季葡萄枝条粉碎

收集动物粪便

园内杂草

春夏季葡萄绿枝

堆肥搅拌

一层土

一层粉碎的枝条

一层腐熟的禽粪便

利用夏天的部分杂草堆肥

挖土机翻堆2～3次

有机肥装袋备用

图8-21　自制有机肥

8.4.2.6 建立全过程追溯体系

2006年起，生产的葡萄都需要先经过农药残留检测，再上市销售。2018年，农场建立了产品追溯平台，实现环境实时监测，生产基地、投入品、田间档案、农事作业、质量管理、包装销售等的全过程可追溯。利用神农口袋系统进行农药和肥料的出入库登记，同时对各地块施药、用药、灌溉、采摘及销售等情况进行记录。灌溉水与土壤每年都要送至第三方公司进行安全监测，保证灌溉水和土壤清洁无污染。

8.4.3 综合效益

产品优质：自2009年起，连续通过有机食品认证，并全面执行农业农村部关于有机产品生产基地建设管理的要求，保证产品合格率100%。每年对葡萄进行安全送检，保证葡萄安全优质。同时，也会接受第三方的不定期抽检，合格率均达到100%。2019年，获上海市十佳安全优质信得过果园。

经济效益：2020年，葡萄年销量95.625吨，销售单价80元/公斤，总收入765万元，实现优质优价。

注重品牌打造：销售的葡萄以"传伦"牌为统一商标，打造地域品牌和企业品牌，在上海本地有很高知名度。"传伦"牌有机葡萄，于2015年被中国果品流通协会评为"中国十大葡萄品牌""中国果品百强品牌"，2017年获得"上海市优质葡萄评比金奖"，2018年被评为"最具影响力葡萄品牌"，2019年获得"上海地产优质葡萄评比金奖""中国葡萄产业科技年会鲜食葡萄评比铂金奖"，2020年获得"上海地产优质葡萄评比最受市民欢迎奖"（图8-22）。

图8-22 "传伦"牌葡萄

中国生态农场发展研究报告

8.5 上海合庆火龙果产业股份有限公司：一二三产业融合的果业综合体

8.5.1 基本情况

上海合庆火龙果产业股份有限公司坐落于浦东新区合庆镇，是以火龙果特色种植为基础，集科研、种植、深加工、生态旅游等于一体的现代都市科技农业综合体。现有种植大棚32个，其中29个棚种植火龙果，包括合庆红系列、水晶系列、蜜宝系列、黄麒麟系列等10多个品种；3个棚种植优质热带水果作物，包括无花果、香蕉、台湾青枣、榴莲蜜、菠萝蜜等几十个品种。农场有自己的农业研发中心，实验室设备齐全，现有仪器设备价值2 000万元以上，可以测定植物生长的土、肥、水等理化指标，温、湿度环境指标和微生物含量指标等。有室外活动场所45 000米²、植物展馆6 000多米²（图8-23）。

图8-23　种植大棚俯瞰图

8.5.2 主要做法

8.5.2.1 农场环境监测

大棚外设置农业气象站，监测温、湿度，风级，雨量等气象信息。大棚内设置温、湿度检测器，自动监测、调节农作物种植环境温、湿度。定期采集农场水、土样品，检测灌溉水与土壤质量。

8.5.2.2 雨水回收技术

投资6 500万元自建独立水系，模拟新疆坎儿井储水系统，通过雨水湖收集天然降水；引进德国净水系统，净化雨水，使水质远超饮用水标准，保证种植水源质量；每年可节约农业生产用水1万吨以上。

8.5.2.3 健康施肥与土壤改良技术

对土壤做全方面的检测分析，研发出适合火龙果生长的专用底肥及基质，提高肥料的利用率。建设水肥一体化设施，借助压力系统，将可溶性固体或液体肥料，按土壤养分含量和作物种类的需肥规律和特点，定时、定量、均匀浸润火龙果植株和根系。利用有机废弃物制作有机肥，增施有机肥，实现化肥使用量减少30%以上。利用农业秸秆废弃物、微生物发酵、生物炭制品等进行土壤改良（图8-24）。

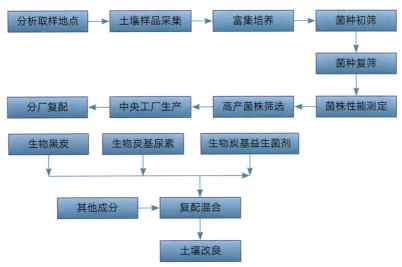

图8-24 土壤改良技术路线

8.5.2.4 绿色防控技术

采用物理和生物方法进行绿色防控。使用防虫网、粘虫板、频振式杀虫灯、高温闷棚等防控手段。自主研发纳米臭氧水消毒灭菌栽培技术、空间电场电除雾防病促生系统等防治方法，提高农药利用率，降低农药使用量。

8.5.2.5 废弃物循环利用

利用火龙果枝条、果皮废弃物、花朵等制作有机肥，资源化利用率100%。首先对有机废弃物进行分散预处理，去除杂质和重金属等；然后集中粉碎，接种复合微生物、添加畜禽粪便等，循环搅拌、堆制发酵；最后调节碳氮比、水分等。检测合格后作为有机肥使用。

针对果蔬废弃物位置分散、不易收集、对环境影响大、发酵处理臭味明显、快速发酵复合菌剂选育等难题，农场以浦东大型果蔬批发市场及大型园艺场为实验基地，开展高含水量果蔬废弃物液态密封快速发酵成农用酵素的研究，形成从收集、转运、粉碎，到过滤、液态密封发酵、制成腐熟环保农用酵素全程智能化控制的快速、高效处理系统（图8-25）。

农场使用过的农药瓶、农药袋、废弃农膜、黄板等都会统一回收，统一清点完毕后交至浦东新区农业农村委员会专设的登丰农资回收点。农场农药包装废弃物和农膜回收率为100%。

8.5.2.6 果园生草及景观营造

农场采用果园生草、以草防草策略，在火龙果植株间种草，改善果园土壤质量，抑制杂草生长。在农场纵向主干道两旁种植中东海枣，树形优美，极具观赏价值；在横向主干道种植花卉，打造花朵长廊，兼具观赏与科普功能（图8-26）。

果蔬废弃物分散收集

↓

预处理 → 残渣

↓

密封压缩运输

↓

集中粉碎

↓

果蔬废液

↓

菌剂密封发酵 ← 快速发酵复合菌剂选育

↓ ← 多次搅拌

后熟密封发酵

↓ ← 调节 pH

发酵液的分离提取 → 果蔬废渣 → 堆肥

↓

液态酵素

↓

成品酵素的分析运用

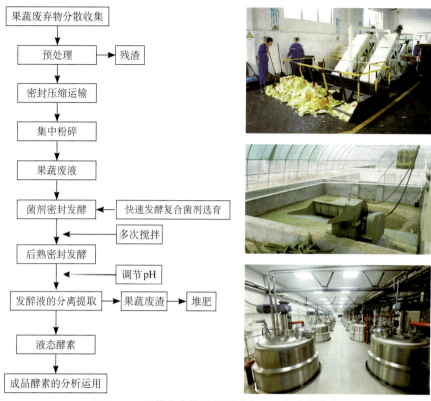

图 8-25　果蔬废弃物发酵形成农用环保酵素技术

图 8-26　果园生草、景观营造

8.5.3　综合效益

以火龙果健康种植、品牌销售为主要盈利方式。同时依托火龙果大棚，建设植物展馆，打造田间教室，开展农业科普与生态旅游。此外，与中国科学院、上海交通大学农业与生物学院、上海市农业科学院等科研院所保持密切合作，不断引进新技术、试用新品种，实现农场绿色低碳发展（图8-27）。

图8-27　火龙果等热带植物科普展馆、田间教室

8.6　上海恒健农牧科技有限公司：肥田匹配，健康养殖

8.6.1　基本情况

上海恒健农牧科技有限公司生态猪场坐落于崇明岛的崇北分区、北湖有机农业示范基地内，占地面积300亩，生产用建筑面积约为82 000米²，包括25栋猪舍、1座饲料车间、1座有机肥车间，另有沼液池和办公场所。所属猪场采用集饲料加工、种猪育种、自繁自养、生猪育肥与屠宰、猪肉加工与营销、有机肥加工与还田等于一体的全产业链经营模式。猪场设施设备齐全，拥有自动喂料线78条、自动饮水线80条、自动喷雾消毒线31套、自动干清粪机110套、污水处理设施1套、智能化有机肥静态好氧发酵设备1套、智能化还田设备1套、实验室及配套设备1个。公司与高校、科研院所建立了技术合作，在养殖生产、动物防疫、生态循环方面具有一定的研发与科技成果转化能力，

一项成果荣获国家科技技术进步二等奖，并具有多项原创专利（图8-28）。

图8-28 猪场园区、设施设备

8.6.2 主要做法

8.6.2.1 肥田匹配

按田地消纳粪污量科学测算养猪量，从源头控制污染。根据作物施肥的季节性，设计沼液储存池容积，配合沼液季节性还田。每年产沼液约5.5万米³，设计沼液池总容量3.6万米³（图8-29）。

图8-29 沼液池

8.6.2.2 节约用水、饲料、生物安全技术

研究发现2/3污水是生猪玩饮水嘴造成的，通过自动化按需节水技术，实现节水60%以上。利用空气能技术，保持猪舍温度在适宜范围内，以减少饲料浪费，减少粪便

产生量，提升饲料转化率。通过生物安全技术提高养殖成活率，减少抗生素使用量。

8.6.2.3 粪尿即时分离技术

通过猪舍内的粪尿即时分离设施（图8-30），粪、尿离开猪体便分离，极大减少了尿污水中化学需氧量（COD）的含量（约减少90%），实现污水处理源头减量，同时避免粪便中的有机质因长期发酵而造成营养成分流失，使有机肥的有机质含量增加，提高有机肥还田价值。

图8-30 粪尿及时分离设施

8.6.2.4 固体有机肥好氧发酵技术

将固液分离后的粪便运送到有机肥车间，与稻壳、秸秆、发酵菌等混合，通过前处理、主发酵、后熟发酵、后加工等工序，制成高质量固体有机肥，包装入库（图8-31）。

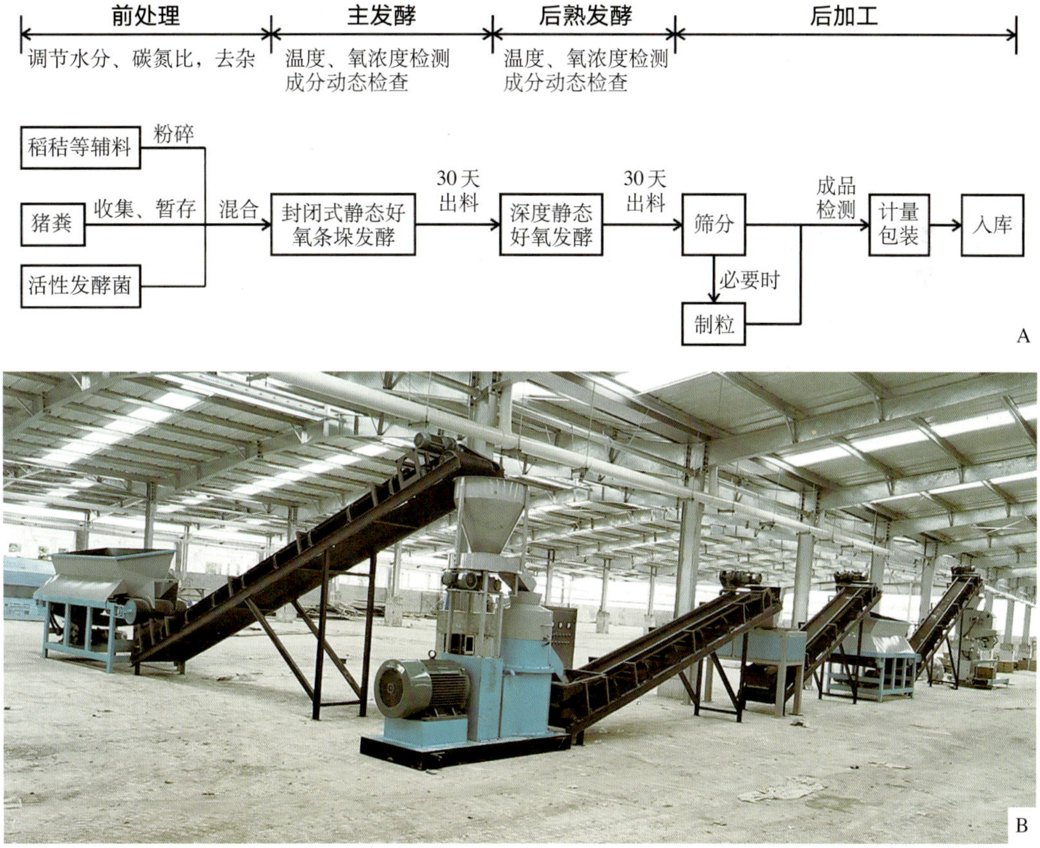

图8-31 有机肥发酵工艺（A）、有机肥制粒包装生产线（B）

8.6.2.5 污水厌氧发酵、沼液智能还田技术

污水处理采用高效厌氧消化池处理技术。尿污水及生活污水经污水管网收集后，输送入污水处理站，二次固液分离后，进入厌氧发酵池。经充分熟化，达到无害化要求后，液体储存于沼液总池中。而后沼液通过农场自研的大型还田设备、密闭管网，由闸门、传感器和智能控制系统控制，按需智能还田（图8-32）。

图8-32 污水厌氧发酵技术（A）、大型沼液还田设备（B）

8.6.3 综合效益

产品优质。猪福侬品牌猪肉经第三方检验，全部优于国家标准，无抗菌药物、瘦肉精、重金属残留。

生态效益。养殖粪污实现100%资源化、清洁化利用。经空气质量检测，恒健猪场的臭气浓度符合上海市地方标准和国家标准。

8.7 江苏华西都市农业科技发展有限公司：标准化有机、绿色水稻生产

8.7.1 基本情况

江苏华西都市农业科技发展有限公司位于江阴市华西村，是一家集有机稻米种植、农产品深加工、园林绿化、休闲观光旅游为一体的综合性农业科技公司，现有水稻绿色生产区750亩、水稻有机生产区500亩。依托平坦地势、肥沃土壤、充足水源等自然资源，借助位于长三角中部、距离周边大城市近的区位优势，与扬州大学、江苏省农业科学院、南京农业大学等专家团队紧密合作，采用生态农业技术，开展定制化、标准化生产和统一包装，实现水稻生态化种植，稻米品牌化销售。

8.7.2 主要做法

8.7.2.1 完善硬件体系

所属农场建有含5台拖拉机（配套旋耕机、开沟机、条播机等）、2台大型植保机、5台小型植保机、5台插秧机、1套激光平地仪等的农业机械库。建有育苗中心，有2条育秧流水线，每年可为周边万亩水稻田提供优质秧苗。构建生态水循环系统，包含沟渠、水库、泵站等，为水稻提供高品质净化水源。开发水利物联网监管系统，实现1 000亩水稻精准灌溉、智能化操控。通过建设高标准农田，整合各类机械、技术，实现水稻栽前、插秧、管理、收获等全过程机械化作业（图8-33）。

图8-33 水稻机械化作业流程图

建有大米加工综合车间，含烘干、砻谷、碾米等工段，烘干能力72吨/批次，车间日产糙米50吨/天，日产精米30吨/天。建有低温仓库，配备了先进恒温、恒湿设备，电子穿梭车及货架系统，全程自动化仓库常年温度控制在15℃，可同时储存进口粮油1 200吨（图8-34）。

图8-34 大米加工车间与全自动化低温仓库

8.7.2.2 化肥农药减量技术

实施化肥减量技术。在绿色生产区，将常规种植中作基肥使用的复合肥改为有机肥，减少分蘖肥、穗肥使用量，调整穗肥配方；氮肥用量较当地作物高产推荐用量减少19.6%。在有机生产区全过程施用有机肥，化肥替代率100%。

实施农药减量技术。在绿色生产区，通过改良农药配比、减少单次施用量、降低施用频率，减少化学农药施用，年均化学农药使用量较当地当年平均水平减少42.7%；有机生产区全程不使用农药。

8.7.2.3 面源污染防控技术

源头减肥控水：实施有机、绿色生产技术，配套测土配方施肥、水稻侧深施肥、智能化精准灌溉等措施，减少水稻化肥施用量、灌溉水用量，从而减少农田径流氮、磷流失。过程拦截净化：建设"田—菜—渔"流失养分循环再利用工程，通过生态沟渠中的植物、调蓄湿地中的水生蔬菜两次截留养分，实现农田清洁生产、种植水体达标排放（图8-35）。

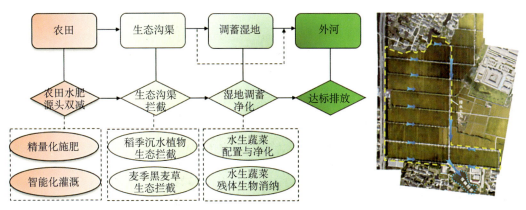

图 8-35 面源污染防控技术体系

8.7.2.4 废弃物回收利用技术

除对有机废弃物进行堆肥、还田等常规利用外，创新开展蛋白质类商品生产与基质化利用，实现有机废弃物高值化利用。利用黑水虻，对农村生产、生活产生的餐厨垃圾、粪便等进行生物消解。黑水虻用于提炼蛋白质，制成商品销售；虫粪与景观树枝、农田秸秆混合后，进行基质化堆置，制成种植所需的育秧与栽培基质。建立了农药包装、肥料包装等废弃物的回收台账，回收率达100%（图8-36）。

图 8-36 有机废弃物资源化利用

8.7.2.5 生态优化技术

绿色杂草灭除技术：有机生产区采用冬耕晒垡、分批上水灭草、零星人工除草，并试验覆纸插秧除草；绿色生产区采用一封一杀、零星人工除草；田埂均采用机械除草。水土保持技术：农田内部配套生态宽沟，栽种沉水植物以拦截流失养分；外围种植生态林地，固持土壤、涵养水源。景观营造技术：稻田周围种植香根草，兼顾生物防治与景观配置，稻田内部布置稻田画，提升景观功能（图8-37）。

图8-37　生态沟渠、轮作绿肥

8.7.3　综合效益

产品优质：农场于2018年获绿色产品认证，2019年获有机产品认证。华西稻米加工车间获得ISO 9001、ISO 22000、ISO 28000、危害分析和关键控制点（HACCP）体系认证。

生态效益：通过对土壤进行质量管控，增施有机肥，冬、春季轮作休耕等措施，保证土壤无污染，有机质年均提升0.68%，温室气体排放量减少；通过化肥、农药减量技术，实现绿色生产区氮肥用量较当地作物高产推荐用量减少19.6%，化学农药使用量较当地平均减少42.7%；通过建设智能管道灌溉系统，提高水资源利用效率，2020年灌溉用水量较2019年降低22.6%。

经济效益：绿色、有机稻谷年均产量稳定在525～550公斤/亩，于2020年实现纯收益400余万元。

8.8 句容市天王镇戴庄有机农业专业合作社：农民合作经营，发展优质高效生态农业

8.8.1 基本情况

戴庄村位于茅山丘陵核心地区，总面积10.4千米²，其中低山、岗坡占70%，耕地7 300亩，其中水田3 000亩。句容市天王镇戴庄有机农业专业合作社成立于2006年，目前全村866户中有812户以土地入股的形式加入合作社，建立了利益共享、风险共担的紧密型利益连接机制。该合作社深入贯彻新发展理念，坚持发展生态高效农业，采用健康栽培、健康饲养技术，开展林下循环种养＋水稻生态种养，在生产中提高农田生物多样性，形成"戴庄经验"，实现"产出高效、产品安全、资源节约、环境友好"，成为江苏省丘陵山区在"两山"理念指导下走绿色发展之路的一个生动案例。

8.8.2 主要做法

8.8.2.1 坚持"六个统一"，村集体共建共享

合作社统一规划生产布局、统一技术培训、统一标准化生产技术规程、统一供应农资、统一品牌、统一组织产品销售。农场按地貌类型进行生态农业布局，在水田开展有机水稻生态种养，改造岗坡地为经济林，开展林下循环种养殖。聘请农业专家赵亚夫担任总顾问，全村务农村民都加入合作社，村党委书记担任合作社理事长，村社干部相互交叉任职，形成基层党组织领导下的村社协同经营模式，村集体共建、共享发展成果。

8.8.2.2 科学做好高标准农田建设

在尊重自然规律前提下，进行高标准农田建设，整治土地、道路，兴修水利，发展必要的设施农业，引进适合有机栽培的农业机械。如适合再生稻的收割机械，减少前茬收割机碾压对再生稻产量的影响，提高产量，降低生产成本，增加农民种粮收入（图8-38）。

图8-38　高标准农田

8.8.2.3　有机水稻生态种养模式

实行有机水稻—紫云英（养鹅）轮作，采用优良品种→醋液（温水）浸种→合理稀植→养鸭（米糠）除草的技术路线，基本依靠农场自产的副产品（绿肥、稻草、米糠、稻谷壳炭、羊粪等），实现种养循环，污染零排放。选用优质水稻品种，利用越光稻生长期短、病虫害轻、需肥量少等优点，减少投入品施用量。严格不用化肥、化学农药，尽可能少用或不用生物农药。通过有机水稻再生栽培技术，提高水稻亩产量，大幅降低水稻生产成本。引进适合有机栽培的农业机械，提高机械化率（图8-39）。

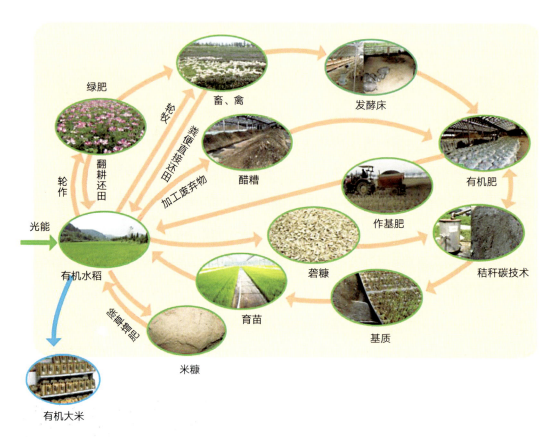

图8-39　水稻生态种养：套种紫云英作为绿肥、稻田养鸭除草

8.8.2.4　林下循环种养模式

在经济林下放养鸡、鸭、鹅1.5万只，建设发酵床养猪棚2 100米^2、林下发酵床养鸡棚3 000米^2、羊棚500米^2，建有生态牧场80亩。林下循环种养模式是地上种果树，果树下养家禽，养殖场地面铺醋糟作为发酵床，果树修剪的枝条作为发酵床的铺垫物，家禽粪便在醋糟发酵床分解为有机肥和菌体蛋白，有机肥供果树生长，次果和菌体蛋白用于喂养家禽，形成产品循环生产模式（图8-40）。

图8-40　林下循环种养模式：果园散养鸡、套种苕子改良土壤

8.8.2.5　提升农场生物多样性

把农田生态保育范围扩大到田埂及周边荒地、水系，因地制宜进行多层次生态农业布局。严格封育山林，保持其自然生态系统状态。引进适应当地的动物、植物、微生物等有益物种，多元化种植、养殖。

8.8.3　综合效益

产品优质：合作社形成了种类丰富、品质优良的生态农产品（图8-41），多次在国内、国际农产品评比中获得金奖。合作社连续13年获稻谷种植与加工的有机认证；2019年句容"戴庄大米"获国家地理标志证明商标。

图8-41　种类丰富的农产品

经济效益：所属农场年均生产经营收益在2 000万元上下。

生态效益：近年来，在所属农场发现野生娃娃鱼和野生猕猴两种国家二级重点保护野生动物群落，在有机稻田中发现了10纲20目130种小型野生动物，隔壁村稻田中只发现二十几种，繁多的生物种类形成了复杂的食物网，农作物的虫害显著减轻（图8-42）。

图8-42　生物多样性丰富

8.9 太仓市东林农场专业合作社："四个一"生态循环东林模式

8.9.1 基本情况

太仓市东林农场专业合作社成立于2009年，采用"大承包、小包干"管理模式，有效管理全村耕地。以生态种养循环模式的产业链为基础，以秸秆饲料化增值利用为核心，构建"优质稻麦种植、秸秆饲料生产、肉羊生态养殖、羊粪制肥还田"的物质循环链，形成"一片田、一根草、一只羊、一袋肥"的"四个一"生态循环东林模式。多次承担、参与生态循环农业课题、项目，如国家重点研发计划项目子课题"长三角油稻两熟区丰产增效的资源优化配置机理""水旱轮作稻田丰产增效和环境友好耕作关键技术"，江苏省自主创新项目课题"现代'草—羊—田'农牧循环生产关键技术研究与示范"，江苏省自然科学基金项目"稻田控水对麦秸分解与稻田固碳减排效应的调控机制"等（图8-43）。

图8-43 "四个一"生态循环东林模式

8.9.2 主要做法

8.9.2.1 配置农业基础设施，实现稻麦全程机械化生产加工

集中开展高标准农田建设，平整地块、道路，修建沟渠，配置智能灌溉系统，使整个区域的农业基础设施与机械化生产相匹配。同时，围绕育秧机插、肥药管理、机械

收获、低温烘干、大米加工等关键环节，开展技术攻关，引进大中型拖拉机、高效植保施药机械等先进装备，建设现代化设施，推行社会化服务。建有工厂化水稻育秧中心1个、标准化机库2个、粮食烘干中心1个、日生产能力50吨大米加工厂1个。于2014年全面实现了从种子培育、幼苗生长、灌溉施肥、防病虫害，到收割加工、冷鲜储存、烘干包装等粮食生产加工全过程的机械化。合作社刚成立时1个工人管理50亩农田，现在每人可管理250亩农田（图8-44）。

图8-44　建设高标准农田、配套智能灌溉系统

8.9.2.2　应用化肥农药减量技术

常规施肥环节包括基肥、分蘖肥、返青肥、穗肥等，肥料用量大，费工费时。常规施肥采用的撒施方式，易造成养分流失，引起河流富营养化等环境问题。采用"有机肥+缓控施肥+机械施用（侧深一次性施肥）"的施肥模式，减少化肥施用。采用"物理+生物+化学病虫害草综合防除"技术，利用杀虫灯、诱捕器减少害虫数量，用苏云金杆菌、井冈霉素等生物农药替代化学农药，利用高地隙植保机、植保无人机、静电喷雾器喷施农药，减少农药用量。2021年，化肥用量比常规田块减肥27%以上，减药50%以上（图8-45）。

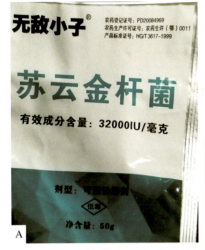

图8-45　生物农药（A）、植保无人机（B）、诱捕器（C、D）等病、虫、草害综合防控措施

8.9.2.3　农业面源污染综合治理

所属农场作为核心建设区域，参与2016年农业环境突出问题治理专项——江苏省太仓市农业面源污染综合治理试点项目。遵循农田面源污染治理"源头减量—生态拦截—循环利用"这一路线，主要建设内容包括化肥减量工程、农药减量工程、农田节水灌溉工程、农田排水拦截净化工程、秸秆等农业废弃物综合利用工程、河道拦截净化工程、养殖业污染减排工程（图8-46）。

8.9.2.4　稻麦秸秆增值利用循环农业模式

建设秸秆饲料厂、肥料厂，稻麦秸秆捆包发酵后制成高质量饲料，喂养生态湖羊，再将湖羊产生的粪便，制成沼渣、沼液，生产有机肥料，使种植业和养殖业生产中废弃物互为资源、循环利用。该模式的关键在于废弃物综合利用技术的应用，通过秸秆饲料化、肥料化，实现作物资源最大化利用（图8-47）。

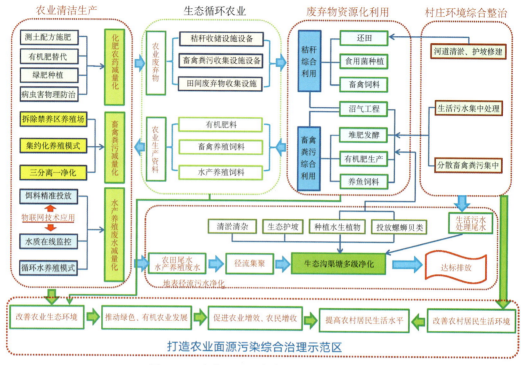

图8-46 农业面源污染综合治理总体路线图

图8-47 稻麦秸秆增值利用型循环农业模式

8.9.2.5 构建农膜和包装废弃物回收体系

合作社构建农药、化肥包装废弃物及农膜的回收体系。落实专人负责，对区内农药、化肥包装废弃物及农膜加强监管、落实回收，建立并完善工作责任制度，将农药、化肥包装废弃物及农膜回收处置工作列入农场年度考核内容。东林村委会负责定期检查废弃农药、化肥包装物及农膜回收处置工作的落实情况。

8.9.2.6 生态保育措施

有非生产生态用地560亩，包括360亩沿河绿色走廊、120亩林地、20亩草地、60亩道路两旁绿化带。定期机械割除农场田埂杂草；通过改造排水沟渠，建设生态拦截沟渠、生态拦截池，在汇水区种植水生植物吸附氮、磷，在田块排水口安装促沉净化装置，通过基质材料去除农田排水中的氮、磷；河道两侧、道路两旁建设生态护坡和生态隔离带，提升景观多样性（图8-48）。

图8-48 生态用地（A）、生态沟渠（B）、生态护坡（C）、田埂机械除草（D）

8.9.3 综合效益

产品优质：金仓湖牌大米获2018年苏州市名牌产品、2018苏州大米十大价值品牌、"江苏好大米"十大创优品牌、苏州市首届地产优质大米品鉴会特等奖。金仓湖牌大米获绿色食品认证（图8-49）。

图8-49　金仓湖牌优质稻米

经济效益：合作社2019年净利润超200万元，2020年净利润超400万元。村级收入归村民集体所有，人均增收3.8万元。

社会效益：合作社循环农业产业链解决320名劳动力就业问题，社员2019年平均收入为5.42万元，比太仓市同行业高53.1%。

生态效益：实现6万亩农田的稻麦秸秆全量增值利用，畜禽排泄物利用率100%；化肥减量20%以上，农药减量50%以上；土壤有机质含量高于当地水平，农田汇水区水质常年优于IV类水。

8.10 浙江安吉宋茗白茶有限公司：打造标准化茶园，茶旅融合

8.10.1 基本情况

浙江安吉宋茗白茶有限公司是以茶叶种植、加工、销售、研发为主，茶旅融合发展的浙江省省级骨干龙头企业。现有茶叶种植基地1 320亩，茶叶生产区域内基础设施完善，微蓄微灌、沟渠、道路配套；建有30 000米²绿色生产厂房、5条白茶数字化加工生产线，每条生产线每小时处理鲜叶1 200～1 400斤，全负荷生产每天可处理完成2.2万斤干茶（图8-50）。

图8-50 安吉宋茗白茶茶园俯瞰

8.10.2 主要做法

8.10.2.1 开展茶园标准化建设

按照标准化、数字化、绿色化的发展要求，统筹应用"有机替代、测土配方、科学用肥、水肥一体"综合减肥技术和"理化诱控、生态调控、生物防治、农业防控、科学用药"综合减药技术。以"肥药两制"改革和建立"安吉白茶全产业链、生产全过程质量可追溯"的溯源体系为突破口，打造田间、采摘、加工、物流、营销全产业链全程完整的"数字化、可视化、标准化"质量可追溯体系。持续推广生态防护林、蜜源植物、物联网杀虫灯等在茶园中的应用，丰富茶园生物多样性，改善茶园生态环境（图8-51）。

图8-51　白茶采集与流水线加工生产

8.10.2.2　全面推行有机肥替代化肥

通过在茶园增施有机肥、菜饼肥，种植绿肥，覆盖茶枝及稻草等措施，探索节肥增效（生态、高效、清洁、安全）、生态循环的绿色发展模式。2018年以来，通过"有机肥+配方肥""有机肥+水肥一体化""茶园茶枝、稻草秸秆、茶菌棒还园"等技术的应用，化肥用量每亩减少30公斤（减少60%），茶园氮肥75%来源于有机肥。

8.10.2.3　应用茶枝、稻草等秸秆覆盖技术

通过应用茶园茶枝、稻草等秸秆覆盖技术，控制茶园杂草生长，丰富土壤微生物、增加土壤有机质、改善土壤团粒结构，茶园生态条件持续得到改善。目前所属茶园茶枝实现100%消纳，年消纳稻草秸秆640吨（图8-52）。

图8-52　茶枝、稻草覆盖技术

8.10.2.4 病虫害生态化防治

采用"理化诱控、生态调控、生物防治、农业防控、科学用药"综合减药技术，持续推广生态防护林、蜜源植物、物联网杀虫灯等在茶园中的应用，丰富茶园生物多样性。

8.10.2.5 全面推行绿色数字化农业技术

通过农业农村部2018年度农业绿色发展先行先试支撑体系建设、安吉白茶产业数字化绿色发展示范建设，全面推行绿色数字化农业技术，率先建立绿色生产体系。通过智能化动态监测土壤墒情、茶园长势、灾情虫情、小气候环境等，实现全方位、全过程、多维度信息采集，建立数字化平台，为精准化操作、数字化管理、信息化服务提供有力保障。

8.10.3 综合效益

产品优质：先后获绿色食品、有机产品、良好农业规范、地理标志产品、丽水山耕等认证；获湖州市政府质量奖、2016年度全国三十座最美茶园；白玉仙茶为首届中国国际茶叶博览会品鉴用茶，宋茗白茶获第八届"中茶杯"全国名优茶评比特等奖。

经济效益：2020年茶叶销售量18 480公斤，销售总收入5 026.6万元，利润1 156.12万元。亩均产量、产值与利润分别高于安吉县全县安吉白茶的16.7%、35.7%和20.8%。

生态效益：通过有机肥深施技术应用，茶树根系向纵深发展，茶园土壤质量明显提升，保水抗旱能力提升。化肥用量每亩减少30公斤。茶园茶枝达到100%回收利用，年消纳本地稻草秸秆640吨。

社会效益：通过茶园种植技术服务联结农户，对符合食品安全标准的茶叶实施订单收购，覆盖面积22 700亩，帮助本地农户每年亩增效约1 200元，增收合计2 724万元（图8-53）。

图8-53 宋茗白茶品牌产品

8.11 衢州市三易易生态农业科技有限公司：种养结合，农业废弃物全消纳

8.11.1 基本情况

所属农场总面积6 000余亩，主要进行生猪养殖、精品果蔬种植、苗木种植、水稻种植和中草药种植。农场现有"两园一中心"，即科技创新创业园、产业示范园和种子种苗中心。科技创新园有组培中心3 000米²，开展金线莲、蓝莓等产品的组培，具备年产组培瓶苗100万瓶的能力；有试验检测中心100米²，用于农产品农药残留快速检测；有新品种展示中心（6 000米²玻璃温室），进行金线莲、朱顶红、洋水仙等花卉、芳香植物新品种、新模式展示；还有智慧农业展示区、新品种引进示范基地、科技特派员基地、大学生创业基地等。产业示范园有特色水果种植园3 000余亩，种植蓝莓、翠冠梨、红美人等；有粮食科技示范种植区1 000余亩，种植水稻、马铃薯等作物；有苗木种植区2 000余亩种植红叶石楠、菲油果、日本晚樱等；另有生猪养殖场400亩、水果保鲜冷库600米³、水果储藏仓库1 000米²。种子种苗中心包括与组培中心配套的渐进式育苗中心和全基质工厂化育种苗基地，繁育金线莲种子种苗、脱毒马铃薯种子种苗、优越系列杂交油菜等新品种（图8-54）。

8.11.2 主要做法

8.11.2.1 应用农业物联网技术

搭建农业物联网平台，可以在电脑端或手机端实现对温室、水肥一体化系统等的智能控制，对农场温度、湿度、土壤温湿度、二氧化碳排放等进行监测。

8.11.2.2 减少化肥使用

种植豆科植物作为绿肥，既抑制杂草生长，又培肥地力。采用有机肥替代、绿肥种植等措施，使复合肥用量减少50%以上，土壤有机质含量显著增加。

8.11.2.3 构建水循环与养分拦截系统、水肥一体化灌溉

除利用水库来水，还建有10个雨水收集池及沟渠系统，充分利用本地降水资源。雨水收集池用于收集降水与汇集沟渠水，收集池的进、出水口处种植水生植物，吸收水体中的氮、磷、钾等养分，保证水质清洁。收集池内的水体通过智能控制系统与水肥一体化管网，经二次过滤设备后，用于喷灌、滴灌（图8-55）。

8.11.2.4 开展病虫草害绿色防控

利用防虫网、大棚等，通过物理方式阻隔害虫；释放赤眼蜂等天敌，种植大麦、三叶草等诱集植物，开展生物防治；通过布设太阳能杀虫灯、黄板，释放性信息素等措施诱杀害虫；使用微生物、植物源农药防治病虫害。在果园种植苕子等豆科植物，或采用地布覆盖措施，减少杂草生长（图8-56）。

8.11.2.5 采用生物微循环—金线莲套袋栽培技术

对基质和有机肥进行高压蒸汽灭菌，接种生物菌后作为金线莲的生长基质。金线莲

套袋生长，完全密封，不浇水、施肥、打药，利用生物菌分解有机质形成的二氧化碳和水进行光合作用，实现作物生产过程中的零碳排放（图8-57）。

8.11.2.6 农业废弃物资源化利用

主要农业废弃物为畜禽粪便、养殖污水和农作物秸秆。通过建设完备的废弃物资源化利用工程设施（可存储沼液1万吨），对农业废弃物进行混合堆肥无害化处理，而后循环施用至苗木、水稻、果园区域，变废为宝，实现农场及周边区域农业废弃物零排放和全消纳（图8-58）。

图8-54 水果、粮食、林木种植区域（A～C），组培、基质育苗中心（D、E）

图8-55 雨水收集池（A）、水肥一体化管网（B～D）、智能灌溉系统（E）

图8-56　杀虫灯（A）、防虫网（B）、黄板布设（C）、果园生草（D、E）、地布覆盖（F）

图8-57　金线莲套袋栽培

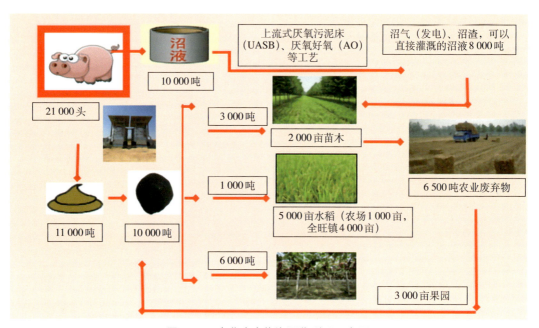

图8-58　农业废弃物资源化利用示意图

8.11.3　综合效益

产品优质：引进红美人、沃柑、明日见、甘平、脆皮金桔等优质柑橘；引进旱优8号、旱优37和早玉香粳等水稻新品种，筛选适合当地缺水地区和低丘缓坡地区栽培品种5个；引进浙紫薯1号、浙紫薯6号、中薯13、荷兰费乌瑞他和脱毒马铃薯等新品种。结合农产品生产，农场开发蓝莓酒、蓝莓果干、蓝莓醋、金线莲、易香米、软籽石榴等产品。蓝莓系列产品获得衢州市名牌产品称号。突尼斯软籽石榴获2015年浙江省农业博览会新产品金奖。蓝莓获2015浙江精品果蔬展销会金奖。易香米、金线莲获2017年浙江省农业博览会优质产品金奖和新产品金奖（图8-59）。

图8-59 蓝莓酒、蓝莓醋、水果、大米等产品

经济效益：采用线上、线下结合的方式进行销售，线下大果礼盒、小果批发，局部开放自由采摘，线上加入微信小店，通过微信公众号实时宣传自己的产品。农场农产品及其加工制品销售额连年增长，从2016、2017年的800万元，增加到2020年的超8 000万元。

社会效益：带动当地就业200人，增加周边农民人均收入1万元以上，有力地促进社会稳定、农业增效和农民增收。推进产业生态化、生态经济化，促进衢江区县域大循环体系构筑和农业可持续发展长效机制建设，为浙江省现代生态循环农业发展提供参考案例。

生态效益：通过种养结合的生态循环模式，秸秆、畜禽废弃物无害化处理和资源化综合利用，基本实现"一控二减三基本"及"区域农业废弃物零排放和全消纳"的目标。通过种植各种果树、苗木，增加植被覆盖，减少水土流失，改善生态环境；通过施用有机肥、种植绿肥，实施肥水药一体化技术及绿色防控措施，复合肥用量减少50%以上，农药施用显著减少，土壤质量提升，有机质含量增加。

8.12 桐城市南山种植专业合作社：全面开展生态农业模式示范

8.12.1 基本情况

桐城市南山种植专业合作社成立于2012年，位于安徽省桐城市孔城镇南口村。合作社现有稳定流转耕地1 400亩、林地96亩，主要种植水稻、小麦、油菜等粮油作物，以及桃树、梨树等果树和朴树、紫薇等林木；在品种选择、栽培技术、生产过程、产品销售等各个环节实行统一组织管理、规模化种植。于2017年进行了高标准农田建设，机耕路、沟渠、涵闸等农田基础设施得到进一步完善。

8.12.2 主要做法

8.12.2.1 加大农机投入、提高生产效率

建设200米^{2}的育秧工厂，购置1套全自动水稻播种生产线。陆续购置拖拉机、旋耕机、插秧机、圆盘犁、施肥器、植保无人机等机械设备20余台（套），大幅提高生产效率。投资23万元购置3组稻谷烘干设备，日烘干能力45吨，建设日生产能力15吨的小型大米加工厂。

8.12.2.2 推广应用生态农业技术

在常规农业种植基础上，对农场进行功能区划分，开展清洁生产、化肥减施、化学农药减施、生态工程防治、秸秆循环利用、生态种养、生态拦截等不同类型的生态农业技术应用试验，继承发扬传统农业精髓的同时，加快现代生态农业技术推广。

8.12.2.3 用养结合、秸秆还田、培肥地力

推广"稻肥轮作""稻油轮作"种植模式，每年种植紫云英和油菜800余亩。紫云英直接翻耕还田，培肥地力。油菜秸秆全部机械粉碎还田，油菜籽加工后的副产品（菜籽饼）通过二次发酵生产商品有机肥替代部分化肥，作为下茬水稻的肥料（图8-60）。

8.12.2.4 水稻秸秆基质化利用

水稻秸秆一部分机械粉碎直接还田，一部分打捆离田，经填埋发酵、晒干、粉碎等处理生产育秧、育苗基质，替代营养土，通过机插秧再次返还到农田（图8-61）。

8.12.2.5 化肥减量增效

通过增施有机肥，施用控释肥、水溶肥等新型肥料和肥料增效剂，减少农场化肥用量。水稻田每亩增施高效菜籽饼肥40公斤，每季减少施用48%复合肥10公斤、尿素5公斤。通过施用控释肥、水溶肥、肥料增效剂，提高养分利用率，减少肥料投入。

8.12.2.6 病、虫、草害绿色防控

通过保护稻田生态系统，控制农田病虫害。田间实现杀虫灯、性诱剂全覆盖；投放青蛙6 000余只，捕食害虫；田埂保留杂草，种植香根草、茭白等害虫诱集和替代植物，种植芝麻等蜜源植物，保护天敌，诱杀害虫。每年实施"稻鸭共育"，利用鸭子进行农田除草（图8-62）。

图 8-60　稻肥轮作、稻油轮作模式秸秆还田

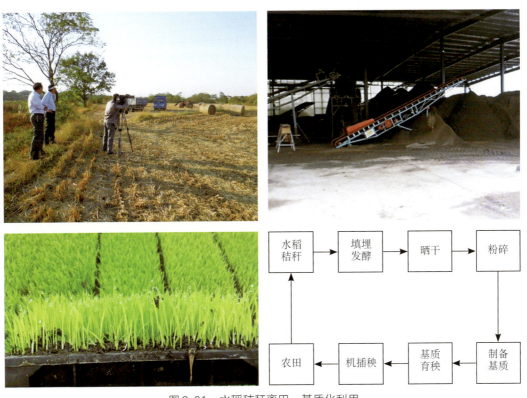

图 8-61　水稻秸秆离田、基质化利用

图 8-62　病虫害绿色防控

8.12.2.7　建设稻田尾水生态拦截、监测系统

　　将原有的 850 米排水渠改造成生态沟渠，护坡植草，将示范区下游共 8 亩的低洼农田改造成人工湿地。生态沟渠和人工湿地内种植莲藕、黄菖蒲、梭鱼草等水生植物，构建稻田尾水生态拦截、监测系统，对农田尾水中氮、磷等污染物进一步拦截吸收，实时监测，提高农田排水质量（图 8-63）。

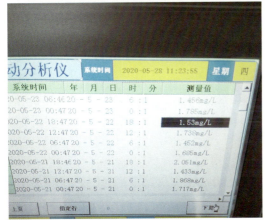

图8-63　农田尾水拦截、监测系统

8.12.2.8　建设南山三生园，促进农旅融合

结合所属农场周边环境整治，建设"南山三生园"，发挥农业多功能性：加强农田景观建设，合理布局生态种养、花草种植、油菜种植、人工湿地等景观功能区，提升田园风光；流转林地96亩，种植桃树、梨树等果树和朴树、紫薇等林木，林下养殖鸡、鸭、鹅等；承包18亩池塘养鱼，建设农家乐餐饮区700余米²，实现从农田到餐桌的产业链条延伸。

8.12.3 综合效益

品牌创设：2018年，注册具有桐城文化特色的"南山桥"品牌商标，将合作社生产的优质大米、菜籽油、稻田鸭等生态农产品加工、包装、销售，提高生态农产品附加值（图8-64）。

经济效益：合作社2020年总收入324万元，其中种植业营收240万元，农家乐餐饮服务收入80万元。

社会效益：合作社在当地传播生态农业发展理念，提高大众生态环境保护意识，辐射带动周边农业经营主体积极参与生态农业。

生态效益：合作社土壤肥力提高，化肥、化学农药等化学投入品使用量降低，病虫害发生

图8-64 南山桥品牌产品

减少，农田排水中氮、磷等污染物明显减少，农作物秸秆得到有效利用，杜绝了露天焚烧秸秆现象，生物多样性提升，农田生态系统更加健康（图8-65）。

图8-65 开展水稻田生物多样性调查

8.13 余江区马荃友发家庭农场：高标准打造绿色家庭农场

8.13.1 基本情况

余江区马荃友发家庭农场位于鹰潭市余江区马荃镇林溪村，主要开展水稻种植、蔬果栽培、技术推广服务等，有固定人员10人，长期雇工2人，季节性雇工20人。现有良田1 365亩，其中水稻种植1 200余亩，蔬菜种植165亩（大棚种植100亩），主要种植辣椒、茄子、豆角、黄瓜、番茄等；鱼塘200亩，采用放养养殖模式（图8-66）。

图8-66　种植的作物类型丰富

8.13.2 主要做法

8.13.2.1 提高机械化作业水平

农场现有手扶拖拉机4台、旋耕机1台、抛秧机1台、收割机1台、无人机2台、烘干机4台、油茶烘干机1台，基本实现打田、插秧、施药、收割、加工等过程机械化作业。利用旋耕机打田，比传统种植模式节省19%的人力；使用抛秧机能省工15%、省力15%、省种10%；采用无人机打药，节省20%的人力，减少15%以上的药量；使用收割机，减少20%农作物收割时的人力（图8-67）。

图8-67 农场机械化作业

8.13.2.2 减少化肥、农药施用

种植紫云英800亩，提升了农田固氮能力，紫云英翻耕还田，可增加土壤肥力。采用有机肥施用、水肥一体化灌溉、杀虫灯布设、无人机打药等方式，减少农药、化肥的

使用量。将蔬菜黄叶、秸秆堆沤成肥，还田利用，解决有机废弃物处理问题的同时，进一步提高土壤质量（图8-68）。

图8-68　紫云英种植（A、B）、秸秆还田利用（C）

8.13.3　主要做法

产品优质：农场100亩水稻已获有机产品认证。有机水稻田使用由秸秆，鸡、鸭粪高温发酵而成的有机肥，大米口感好，在余江市场销售，供不应求。种植的辣椒、冬瓜已获绿色食品认证（图8-69）。

图8-69　生产的大米产品

经济效益：2020年，农场总收入768万元。农场种植的辣椒、茄子、豆角、黄瓜、西红柿等，年产量200吨左右，比露天种植增产20%左右，产值约400万元，占总收入一半以上。

社会效益：通过"农场+基地+农户"模式，带动周边区域开展绿色、生态、安全农产品种植，增加农民收入。

8.14 齐河县宋坊良种繁殖场：着力提升农田生态系统服务功能

8.14.1 基本情况

齐河县宋坊良种繁殖场位于山东德州，总面积1 525.9亩，其中耕地面积1 203.9亩、水域面积101亩、生态用地面积120亩。主要从事小麦、玉米种植销售，以及种植业技术引进、试验、推广等。现有干部职工15人，大专以上文化程度12人，中专学历2人，高中学历1人；高级农艺师1人，农艺师4人，技术员7人。

繁殖场内农田成方连片，路、涵、桥、站、闸设置合理，田间道路全部硬化，水肥一体化喷灌设备全覆盖，实现"田成方、林成网、路相通、渠相连、旱能浇、涝能排、地力足、灾能减"。建有粮食储存仓库3 200米²、农机存放区500米²、农资仓库300米²、培训室230米²，有效保证了粮食、农资、农机具等的存放问题。有大型拖拉机、联合收割机、单粒播种机、种肥同播机50余台（套），保证了粮食种植全程机械化（图8-70）。

8.14.2 主要做法

8.14.2.1 构建生态农场技术与监测体系

在生态农业技术试验示范的基础上，利用景观生态学原理，应用针对农田田块，生态廊道，自然、半自然生境的关键技术，如在田块间作、轮作，建设生态沟渠，增加多功能生境斑块等，开展对作物、土壤、病虫害、废弃物、生物多样性等的观测监测，构建提升集约化农田生态系统服务功能、保护生物多样性、绿色可持续的粮食生产体系（图8-71）。

8.14.2.2 统一管理

实行小麦种植"八统一"，即统一进行良种供应、深耕深松、宽幅精量播种、测土精准施肥、越冬浇水、一喷三防、病虫害统防统治、秸秆还田；玉米种植"六配套"，即配套高产优质耐密品种、抢茬机械单位精播技术、精准配方施肥技术、"一防双减"技术、适期晚收技术、机械收获技术等。

8.14.2.3 作物轮作间作技术

构建宽幅条带玉米—花生、玉米—大豆、玉米—红薯等轮、间作技术体系，幅宽4～8米，全程可机械化作业。间作系统在实现玉米增产的同时，化肥、农药减施10%左右，农田生物多样性提高、土壤质量提升、病虫害减少，综合效益较单作玉米提高15%以上（图8-72）。

8.14.2.4 多功能植物带与乔灌草立体生态网构建技术

利用三叶草、小冠花、紫花苜蓿、二月兰、黑麦草、百日菊、水芹、荷花等本土植物，在农田边界构建多功能植物带，为鸟类、昆虫，以及其他小型动物提供食源、栖息地、产卵地、庇护所，提高了天敌多样性。以200～500亩田块为网格单元，科学配置农田植物多样性，构建乔、灌、草立体生态网，为有益生物（蜘蛛、天敌昆虫、授粉昆虫等）提供食源和生境，提升农田景观。网格四周种植乔木（柳树、白蜡、果树等）、灌木（金边女贞、黄杨等）、花草（三叶草、黑麦草等）（图8-73）。

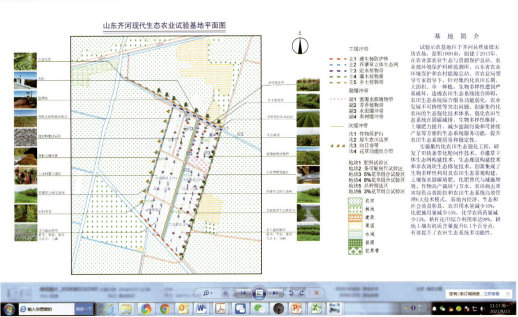

图8-70　平面布局、缓冲带、试验区分布图

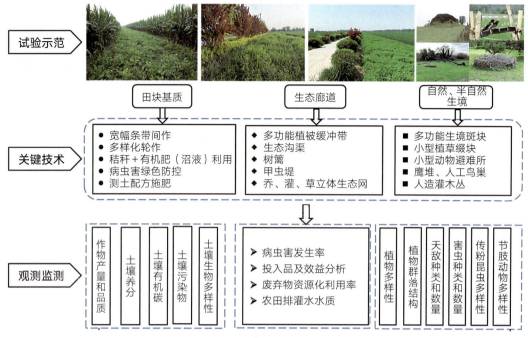

图8-71 齐河宋坊生态农场技术与监测体系

图8-72 玉米—甘薯（A）、花生（B）、大豆间作（C）

图8-73 多功能植物带

8.14.2.5 生态沟渠构建技术

改变原有排灌系统硬化丧失水体净化功能、植物种类单一和生态调节功能低等问题，在集约化农田外的河道底部及两侧构筑多功能植物廊道系统，拦截、吸附农田径流水体中的氮、磷等物质，净化水质，提高生物多样性，降低作物病虫害，改善农田周边景观环境（图8-74）。

图8-74　生态沟渠构建

8.14.2.6　水肥一体化技术

水肥一体化技术借助低压灌溉系统，将可溶性固体肥料或液体肥料配兑成的肥液与灌溉水一起，通过可控管道系统供水，使水肥相溶后的灌溉水均匀、定时、定量、按比例直接提供给作物，实现水肥同步管理和高效利用。农场水肥一体化覆盖面积1 000亩，每亩灌水总定额约为60米³，每次灌水20米³，平均每年灌水3次。

8.14.2.7　病、虫、草害统防统治

在小麦—玉米轮作生产体系中，依据农业专家提供的防治方案与技术指导，采用全过程用药"套餐"，从小麦播种、出苗分蘖期、越冬、返青拔节前、拔节孕穗期、抽穗开花期、灌浆期、收获，到玉米播种、出苗前、3～5叶期、拔节小喇叭期、大喇叭期、抽雄开花前、开花籽粒期、收获等不同阶段，面向不同类型病、虫、草害选用不同药物配方，由社会化服务组织统一进行病虫害防治，防治效果提高15%，亩节省5个工日。

8.14.3　综合效益

生态效益：玉米—其他作物间作系统化肥、农药减施10%左右，病害较单作系统显著降低，害虫数量降低14.64%～66.95%，中性昆虫数量增加27.63%～56.03%，天敌数量增加13.60%～45.95%，玉米大小斑病病情指数降低5.2%～6.3%，锈病病情指数降低19.7%～22.8%。通过构建多功能植物带与乔、灌、草立体生态网，节肢动物物种丰富度与个体数量显著增加，捕食性昆虫、寄生性昆虫数量分别增加42%、37%；同时，农田径流中的沉积物、氮、磷流失减少。水肥一体化技术使农田节水60%，节肥20%。病、虫、草害统防统治减少化学农药使用20%，且采购的农药包装均可回收，亩减少农药包装废弃物6个。生态沟渠构建技术使农田排水污染显著降低，沟渠出水口比进水口总氮、硝态氮的去除率平均达52.6%、73.9%。

经济效益：多功能植物带使作物产量增加7%，农田净收益提高5%。水肥一体化技术使粮食增产10%，粮食优质率提升10%。病、虫、草害统防统治使粮食增产5%，亩节本增收390元。生态沟渠底部种植植物产生显著经济效益，每亩增收莲藕3 000斤。

8.15 湖北嘉润茶业有限公司：依托有机茶园打造种养循环系统

8.15.1 基本情况

湖北嘉润茶业有限公司位于湖北省恩施土家族苗族自治州，公司的嘉润·杨家坡有机茶园群山环绕，千亩茶园集中连片，周边为郁郁葱葱的森林隔离带，野生动植物繁多。茶园总面积1650亩，建有种植业、养殖业、加工、有机农业培训中心、办公营销、生活六大功能区，内部机电、通讯、网络设施完善通畅，电子监控摄像头全覆盖。茶园以茶叶种植为核心，通过有机茶认证的茶园净面积1000亩，茶叶清洁生产线标准厂房3000米^2，机器50多台（套）（图8-75）。

图8-75 茶叶生产、采摘、加工

8.15.2 主要做法

8.15.2.1 对茶园进行整体系统设计

将茶园作为相对独立的整体，以茶叶种植加工为主体，搭配玉米、黄豆、厚朴、红豆杉、梅花、茶花、桂花种植，畜禽养殖，沼气发酵，有机肥生产等，形成完整的种养循环系统。茶行间作套种中药材、粮食作物、绿肥、蜜源植物等，以增加生物多样性，为益虫提供适宜生境。粮食作物用于畜禽养殖，畜禽养殖的粪便与作物秸秆、树木枝条、叶片等混合，入沼气池发酵。沼气供农场加工生产、日常照明、取暖使用，产生的沼渣、沼液用于制作有机肥。有机肥用于茶园种植，保障茶叶品质（图8-76）。

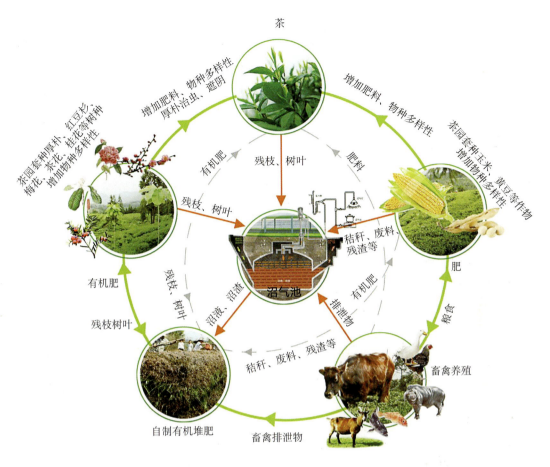

图8-76　有机种养循环示意图

8.15.2.2　节水节地节劳措施

　　茶园建有蓄水池、水塘各8个，雨水收集系统2个，利用本地丰富的降水节约水资源。茶园降水量充沛，年降水量1 200 ~ 1 400毫米，土壤含水量高，靠雨水、径流水就能够满足作物日常需水，不需要额外引水。在茶行间作厚朴，在茶行较宽的区域套种玉米、黄豆、甘薯、马铃薯等作物。在农事活动中，使用一些小型农用机械，如微耕机、粉碎机等；在茶叶加工过程中采用半自动机械化加工，大大节省了劳动力（图8-77）。

8.15.2.3　节肥节药措施

　　在种植生产过程中不使用农药、化肥、生长调节剂、饲料添加剂等。生态茶园均用自制肥料。堆肥原料主要是树枝、杂草、秸秆和动物粪便。使用牛角粪肥、坑肥等增加土壤有益微生物。喷洒生物制剂，改善茶叶品质。不外购任何肥料和制肥原料。采用生物和物理的方法治理病虫害，采用德米特生物动力的方法养殖动物，养殖区动物都是本土繁殖品种，动物饲料均来自茶园内部套种的农作物，不外购任何饲料和药物。采用人工锄草，放养黄牛、黑猪等方法除草（图8-78）。

间作厚朴　　套种玉米

套种蔬菜　　套种黄豆

套种甘薯　　套种马铃薯

图8-77　茶行间作套种各类作物

图8-78　生物治虫（A）、人工除草（B）、放养动物吃草（C、D）

8.15.2.4　环境保护措施

不使用地膜，种植过程中基本不使用塑料制品。茶叶采摘和加工过程中使用的工具都是当地手工编织的竹制背篓和竹筐、竹席等，回收利用率100%。农场有机废弃物都是堆肥制沼、饲料制作或动物垫料的原料，回收利用率达99%。加工厂在茶园内部，可避免长途运输的污染与能源消耗。茶园内部的生活废水和垃圾严格按照本地环保标准和要求处理（图8-79）。

8.15.2.5　生态保育措施

保留茶园内的原生乔木和周边隔离林带。为保持水土，采用梯田等高耕作，在茶园挖沟、修水渠，并在土壤裸露处和道路边种草、种树等。为了丰富农场景观，种植桂花、梅花、红豆杉、蔷薇等观赏植物，修建观光亭，路边修建统一的竹篱和扦插枝条篱笆。

107

图8-79　有机废弃物回收利用

8.15.3　综合效益

产品优质：建立了严格的产品质量管理体系和追溯系统，有机茶产品通过各职能部门监测检查、国内外认证机构检测、公司自检，合格率均达到100%。2014年起，获欧盟有机和美国有机产品认证；2017年起，获中国有机产品认证（图8-80）。

图8-80　生耕甘露有机茶

108

经济效益：2020年，生产茶青78吨，干茶15.6吨，产值6827万元，农产品生产、加工和销售收入为5121万元。一二三产业综合发展，相得益彰。

社会效益：通过土地流转、合作共建、保护价收购、开展培训等方式，辐射带动周边5个村发展茶业和现代养殖业，按照有机操作流程和标准化循环模式，聚力打造全域有机食品循环基地。茶园每年为杨家坡村和周边村农户提供400多个采茶就业岗位，开展生态农业培训与指导，产业帮扶66户贫困户脱贫。成立了"利川市生耕农社农业专业合作社"，吸纳15户贫困户为固定社员，保底工资25000元/年，购买保险，统一培训。2020年度被评为全国巾帼脱贫示范基地。

生态效益：采用生物动力养殖法、有机茶种植技术、生耕甘露有机茶制作技术、土壤培肥技术、自制堆肥坑肥技术、牛角肥微生物发酵技术、沼气生物质循环技术、生物和物理防治病虫害技术等，实现稳定生产与生态保护相协调，生物多样性丰富（图8-81）。

图8-81 生物多样性丰富

8.16 京山盛老汉家庭农场：一水两用、一亩多收稻龟生态种养

8.16.1 基本情况

京山盛老汉家庭农场位于湖北省荆门市。该农场在保护乌龟种质资源基础上，以龟苗繁育和稻龟生态种养为主，以农场自有农、水产品加工和休闲旅游为辅，采取一二三产业融合发展的经营模式。农场总面积5 600亩，现有种龟养殖区800亩、生态稻龟综合种养区3 600亩、龟孵化室8 000米²、稻龟系列产品精加工及储存车间12 000米²。农场现有高级职称技术人员2名、中级职称人员4名，建有中国科学院桂建芳院士专家工作站，技术支撑单位包括长江水产研究所、华中农业大学水产学院、湖北中医药大学等。经过20多年的探索与实践，农场积累了一套不打农药、不施化肥的"一水两用""一亩多收"稻龟生态综合种养的成功经验（图8-82）。

图8-82　京山盛老汉家庭农场景观

8.16.2　主要做法

8.16.2.1　稻龟生态综合种养

农场对水田、堰塘、小沟渠及荒坡等进行标准化建设，安装自动排灌设施、监控设备等，推行稻龟共作的生态综合种养模式。在保证粮食产量的前提下，不打农药、不施化肥，使京山乌龟保持优良品种特性。将种稻和养龟结合，秋冬时节在稻田轮作油菜，夏收油菜籽，实现种植、养殖一水两用，水陆一亩多收，生态循环，种养高效。农场制定、发布了生产规范与标准，使农场生产和管理更加精细、规范。

8.16.2.2　废弃物资源化利用

农场秸秆100%还田。龟蛋孵化后产生的废弃蛭石、蛋壳、破损或孵不出龟苗的蛋，统一放在专门的堆肥池中，发酵腐烂后作为农场花卉盆景、树木、果蔬的肥料使用。种龟养殖池中的乌龟排泄物能自然分解，为了使水质更优良，在水面设置了水生植物浮岛，既能净水，又能遮荫，还可作为乌龟的食物。稻龟种养基地的乌龟排泄物，经沉淀分解、转化，制成稻谷生长所需的有机肥。农场的树叶及杂草，由员工清运堆放在指定地方，发酵后，作为农场绿化工程的有机肥使用。包装袋、废弃农膜等由专人分类回收后卖给回收站。

8.16.2.3　生态建设措施

水稻田间杂草全部作为野生水生生物繁衍栖息地。种养田块外的杂草定期进行人工割除，割除后堆放在指定地点发酵成有机肥。在农场田埂、道路两旁、河渠边坡栽植经济价值和观赏价值均高的花、草、树木。

8.16.3　综合效益

产品优质：农场养殖的京山乌龟被认定为国家地理标志产品，被湖北省政府列为首批道地药材"一县一品"优势品种。农场"盛老汉"品牌被认定为中国驰名商标，系列产品包括商品龟、龟苗、龟甲、龟甲胶、玄武卤龟、乌龟汤等，均已得到市场广泛认可。盛老汉牌京山乌龟系列产品连续4年参加中国国际农产品交易博览会且均获金奖，该系列产品也通过了GB/T 19001—2016/ISO001:2015质量管理体系认证。农场生产的龟甲已得到湖北中医药大学、武汉市中医医院认可，并在教学和临床中应用。农场生态稻米每亩年产900余斤，加工成优质稻米450斤，供不应求（图8-83）。

所获荣誉：先后获得3个"全国唯一"，即全国唯一国家级乌龟原种场、全国唯一有机产品认证的乌龟生产基地、全国唯一的中国驰名商标乌龟系列农产品；被列为全国现代渔业种业示范场、农业农村部水产健康养殖示范场、国家级稻渔综合种养示范区、全国休闲渔业示范基地、全国水产科普教育基地等。

经济效益：农场每年为全国10多个地区养殖户提供优质龟苗600万只以上，占全国年产龟苗总量的1/5。2020年，农场生产销售龟苗、龟甲、龟甲胶、商品龟、乌龟汤、有机大米等，总收益约6 800万元。

生态效益：农场在生产、销售的同时，注重对野生原种京山乌龟进行种质保育，现有野生原种乌龟11万组，第二代原种亲本种龟60万组，种群数量为全国之最。

社会效益：2020年，农场带动本地1655户农户（其中贫困户266户）开展稻龟种养，户均增收5220元。

图8-83 龟（A）、龟甲（B）、龟甲胶（C）、乌龟汤（D）、涮龟（E）、有机大米（F）等产品

8.17 广西四野牧业有限公司：种养结合，生态养牛

8.17.1 基本情况

广西四野牧业有限公司位于广西南宁，是一家以肉牛产业为主的农业产业化国家重点龙头企业、广西扶贫龙头企业。近年来，公司以肉牛产业为核心，以农作物秸秆和畜禽粪污资源化利用为纽带，打造肉牛生态产业链，构建了集秸秆回收、饲料加工、肉牛繁育、有机肥加工、肉牛屠宰与食品加工、职业农民培训、农业休闲观光于一体的产业发展格局（图8-84）。

图8-84 种养结合产业循环示意图

所属农场核心区5 300亩，现种植牧草及经济饲用作物约2 000亩。建有标准化牛舍24栋，面积65 000米²，存栏种牛3 300余头，年产良种牛犊2 600头，年育肥出栏优质肉牛6 000头；另有粪污资源化利用厂房、秸秆饲料化利用厂房、生物菌剂生产培育厂房等，年产回收利用农作物秸秆15万吨、畜禽粪污5万余吨（图8-85）。

图8-85 四野牧业有限公司所属农场俯瞰图

8.17.2 主要做法

8.17.2.1 发酵床（生态垫料）养殖技术模式

农场使用发酵床进行肉牛养殖，可以改善动物生存环境，提升动物抗病能力。通过定时投放益生菌、更换垫料，降解粪尿、除异味，降低肉牛发病率，从而实现兽药减量，降低生产成本，改善肉质。回收的垫料用于制作生物有机肥，养殖栏舍实现污染零排放（图8-86）。

图8-86　发酵床生态养牛

发酵床制作：将锯末、木屑等均匀铺于肉牛栏舍地面，厚10～15厘米；将菌种（由乳酸菌类、酵母菌类、芽孢杆菌类、光合菌等组成）和适量玉米粉（20米²使用2.5公斤）拌均匀后，在铺好的垫料上均匀撒开，然后将清水均匀喷洒在垫料表面，表面稍湿即可放入牛只。饲养密度：成年牛13～15米²/头，青年牛8～10米²/头。垫料使用时间：每3～5个月更换垫料1次，具体视使用情况而定。

8.17.2.2 废弃物综合利用

废弃农膜100%回收。

秸秆100%回收，回收本地秸秆、青贮玉米、豆渣、象草、红薯藤、花生藤、甘蔗尾叶等，用于制作饲料。饲料发酵处理中，加入益生菌种，加速分解大分子有机物，增加肠道良性微生物菌群，抑制腐败微生物的繁殖和代谢，防止饲料霉变（图8-87）。

图8-87　有机废弃物饲料化使用

　　肉牛养殖粪便100%回收。配建6 000米²有机肥生产厂房，利用好氧堆肥的方式，对农场牛粪便及周边区域回收的有机废弃物进行综合处理，制成有机肥。每年综合处理肉牛粪便约60 000吨（图8-88）。

图8-88　牛粪制作有机肥

8.17.3　综合效益

　　经济效益：2020年，农场销售种牛、育肥牛、青贮饲料、有机肥等收益合计56 830.61万元。其中，有机肥销售收益12 319.11万元。

　　生态和社会效益：带动本地农户参与农作物秸秆、畜禽粪污回收工作，提升农民收入的同时，实现农业有机废弃物清洁处理再利用。

8.18 海南天地人生态农业股份有限公司：热带水果生态化种植

8.18.1 基本情况

海南天地人生态农业股份有限公司位于海南省临高县，专注热带水果产业21年，是一家以种业为核心的全产业链运营公司。所属生态农场面积750亩，是目前海南岛种植面积最大、产量最高、品质最好的香蕉种植基地。在保持香蕉种植优势的前提下，战略性地发展特种香蕉、火龙果、红心蜜柚、牛油果、凤梨等高附加值品种，形成科技引领、全产业链布局、高质量发展的格局。公司建有种苗中心、技术研发中心、包装车间、仓库、信息化机房、泵房、蓄水池，有喷灌设备、绿色防控相关设备与系统等。公司传播绿色种植理念，并在生产过程中践行生态农业模式。

8.18.2 主要做法

8.18.2.1 建立智能化现代农业生产管理系统

建立了集办公管理、生产管理、技术培训于一体的智能化现代农业生产管理系统，覆盖办公流程、农资库存查询、标签管理、巡耕管理、产量填报、用工管理、气象站信息、台风预报、考试资料、农事资料、农事培训等农场生产管理全过程。利用物联网，实时监测农场的投出、产出、产品品质、产地环境等，为农场未来的种植规划、生产管理、采收包装、市场营销等提供数据与分析支持（图8-89）。

每块地都有定位及二维码标记，员工可按照系统自动规划的最佳路线进行巡查作业，在巡查点扫码填写作物生长状态、病虫害情况、农事问题等；检查员可远程查看巡耕数据，并实地检查，及时处理生产问题。

8.18.2.2 应用现代有机农业理论和技术

根据现代有机农业理论和技术综合考虑土壤、作物本身需求，依据植物光合作用机理、营养元素与矿物质作用、微生物调节作用等，提供精准施肥方案。农场运用该技术种植的水果果香浓郁、甜蜜多汁。

8.18.2.3 对病虫草害开展生态防控

利用生物物理方式生态防虫：种植万寿菊抑制地下线虫，使用黄板、灯光诱杀害虫，利用性诱素诱杀果实蝇，施用矿物油、苦参碱等生物农药。采用草生栽培技术，一方面抑制杂草生长，避免使用除草剂，另一方面可以提升水土保持能力，改善微气候，提升土壤有机质（图8-90）。

8.18.2.4 利用残次水果生产复合微生物菌肥

综合利用残次果等农业废弃物，生产复合微生物菌肥，不仅可以提高土壤肥力、改良土壤、增强作物抗逆性、改善作物品质，还能减少化肥、农药用量。

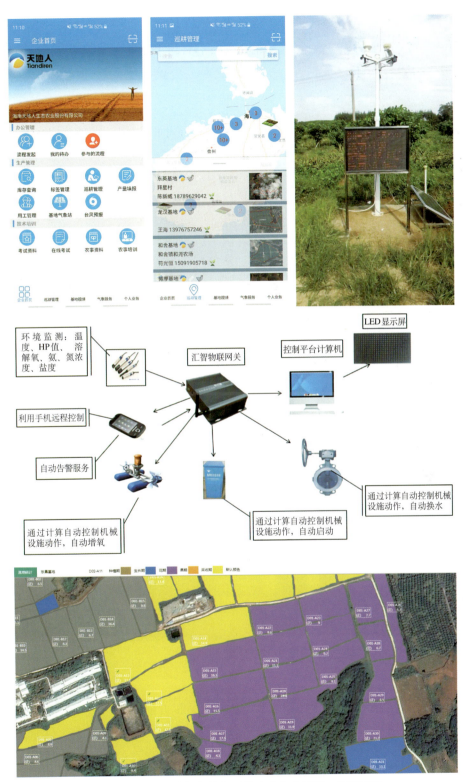

图8-89 天地人农场智能化现代农业生产管理、监测系统

图8-90　病虫害生态防控

8.18.2.5　其他技术措施

农场全面应用水肥一体化技术，节约水资源，提升肥料利用效率。应用全生物降解地膜，地膜可在自然条件下，经微生物降解成水和二氧化碳。对于一般地膜，用压制的暗线将地膜和植株拆分开，便于回收，回收率达100%。水果收获后，将秸秆粉碎，撒上降解菌加速秸秆的降解，可增加土壤有机质、改善土壤结构并增加土壤营养元素（图8-91）。

8.18.3 综合效益

产品优质：与百果园、鲜丰、盒马鲜生、永辉、绿叶、杰记、果多美、曲牌、展卉、景明、雨露空间、叶氏兄弟、每日优鲜、叮咚买菜、永辉超市、家乐福等建立了长期稳定的合作关系，率先实现订单农业，正在全力打造中国热带水果第一品牌。

经济效益：2020年，水果产品销售收入约600万元。

图8-91 秸秆还田

获得荣誉：多年来，先后获得"海南省农业产业化重点龙头企业""海南省首批扶贫龙头企业""省级现代农业产业园""海南省热带作物标准化生产示范园""全国巾帼脱贫示范基地""农业产业化国家重点龙头企业""全国脱贫攻坚先进集体"等荣誉表彰。

8.19　重庆四季香生态农业发展有限公司：柑橘生态种植

8.19.1　基本情况

重庆四季香生态农业发展有限公司位于重庆市璧山区，按照"三品一标"要求，着力打造以绿色化、机械化、数字化为核心，集休闲观光、采摘体验、农、文、旅融合发展为一体的"四季果园"。所属农场总面积520亩，精选爱媛、大雅等8个优质柑橘品种，打造"璧橙"品牌。采取水肥一体化、生物防治等8个现代生产集成技术模式，发展从生产、包装到认证、销售的全链条产业，实现产品质量"一码全知"、全程可追溯（图8-92）。

图8-92　农场景观

8.19.2　主要做法

8.19.2.1　应用果园物联网技术

引入农业物联网环境智能监测系统。通过在种植区域安装摄像头、传感器、控制网关等设备，对光照强度，土壤温、湿度，空气温、湿度，风速风向，雨量，大气压力等指标进行实时监测，并通过系统控制中心对指标数据进行分析处理，对种植环境进行智能控制（图8-93）。

8.19.2.2　建立质量追溯体系

建立农产品质量追溯系统，实现"从农田到餐桌"的全程可追溯信息化管理，贯穿农产品的生产、检测、销售，以及农场管理等各环节，达到"质量可监控、过程可追溯、政府可监管"的目标。从种苗、种植、施肥、灌溉、病虫害防治，到果树整形修剪、果品采摘、综合管理、包装销售等，全程"一码一证"，为四季香农产品贴上安全标签。

图8-93 设施设备

8.19.2.3 开展病、虫、草害综合防治

坚持"预防为主、综合防范"原则，优先采用农业管理防治措施，尽量利用物理和生物措施，必要时合理使用低风险农药。农业管理防治措施包括选用抗病品种，适时翻土、修剪、排水、清洁果园，减少病虫害源，加强栽培管理，增强树木自身抗病虫害能力。提高采果质量，减少果实伤口，降低果实腐烂率。对杂柑施用的农家有机肥，要充分腐熟后施用，通过高温发酵杀死杂草种子，避免引入杂草或其他病原微生物。结合果园浅耕，人工铲除杂草。果园生草，抑制杂草生长，培肥地力。用杀虫灯、醋液等诱杀害虫。改善果园生态环境，保护天敌动物。必要时，利用无人机，按规定用药浓度、频率施药，并严格、准确记录化学农药使用情况（图8-94）。

图8-94 有机肥施用（A）、果园生草（B～D）

8.19.3　综合效益

品牌打造：通过生态种植，基于"一码一证""一码全知"的智能化追溯系统，安全性高、果实口感好的"璧橙"牌柑橘受到本地消费者好评，知名度较高（图8-95）。

图8-95　"璧橙"牌柑橘

荣誉称号：先后被评为璧山区农业产业化龙头企业、明星农业科技示范主体，获得"精品农业园""美丽农庄"等称号。

经济效益：农产品销售收入逐年提升，2020年为231.23万元。

社会效益：联农带农，利益共享。与3个农业专业合作社建立合作机制，带动周边农户开展优质柑橘种植、旅游民宿等产业。每年向160户农户按时支付土地租金42万元，通过农业项目财政补助资金股权化改革，每年向村集体经济组织分红9.4万元。针对高素质农民、产业带头人开展生态果园培训，推广生态农业技术（图8-96）。

图8-96　组织培训

8.20 甘肃共裕高新农牧科技开发有限公司：肉牛生态养殖

8.20.1 基本情况

甘肃共裕高新农牧科技开发有限公司位于甘肃省张掖市，通过饲草和农作物种植、肉牛养殖、特色林果培育、有机肥研发与生产，实现种养结合生态循环发展。农场总面积11 400亩，有集中连片、配套设施完善的耕地10 090亩；占地375亩的肉牛养殖场1座，西门塔尔肉牛存栏1 500余头；占地25亩的生物有机肥厂1座，安装年产3万吨粉状有机肥发酵生产装置1套，年产3万吨配方肥料、水溶滴灌肥料智能配肥生产线1套；防风林带、原始景观地貌等生态用地910亩（图8-97）。

图8-97 甘肃共裕所属农场俯瞰图

根据生产需求，配备播种、收割、打捆、施肥、饲喂、饲料加工等先进机械设备36台（套）。先后与国家肉牛遗传评估中心，甘肃省农业科学院畜草与绿色农业研究所、林果花卉研究所、土壤肥料与节水农业研究所，甘肃省家畜繁育改良管理站，北京联育肉牛育种科技有限公司等行业知名院所、企业合作。通过培养专业技术人才，公司建成市级科研工作站1个，聘请入库各专业专家12名，形成了强有力的技术支撑体系，为公司科技兴农提供了有力保障（图8-98）。

图8-98 肉牛养殖

8.20.2 主要做法

8.20.2.1 开展高标准农田建设

开展高标准农田建设，实现土地集中连片规模化开发，每500米×500米（375亩）地块为1个方田，方田四周设置6米宽生产主路和3米宽防风林带，方田内东西向每75米有1道田埂，南北向每100米有1条田间道。合理的布局不仅为饲草地统一管理奠定了基础，也为田间大型机械作业、无人机病虫害防治、水肥一体化技术和生产提供了良好的作业条件，对节省劳力、提高生产效率具有积极作用。

8.20.2.2 应用水肥一体化喷滴灌、测土配方施肥技术

饲草苜蓿种植全部采用水肥一体化喷灌技术，其余作物全部采用水肥一体化滴灌技术。两项技术的应用使灌溉用水从传统漫灌的200米^3/亩降至80米^3/亩，节水率达60%。遵照测土配方施肥技术规范，按农场土壤养分含量、作物种植品种、吸肥特性，在保证每亩耕地施用自产有机肥1吨的前提下，按作物不同生育期的养分需要量及目标产量，按地力差减法分别设计不同生育期的追肥配方和施用量，配合水肥一体化技术精准施肥。有机肥替代化肥在30%以上，实现节本增效（图8-99）。

图8-99 水肥一体化喷滴灌

8.20.2.3 有机废弃物回收制有机肥

公司养殖业产生的畜禽粪便、果蔬剪枝、废弃秸秆等废弃物定期收集送有机肥生产车间，采用生物好氧堆肥发酵技术，加工生产成符合《有机肥料》（NY 525—2021）的有机肥，就地还田利用。畜禽粪便、树木枝条、作物秸秆等有机废弃资源利用率达100%（图8-100）。

8.20.2.4 其他废弃物集中回收利用

因生产产生的塑料滴灌带、肥料包装编织袋等废弃物由高台县废弃物资回收部门集中回收，回收率100%。农药、兽药包装物在高台县暂无特定回收处理单位的情况下，由农场自行收集入库封存，避免对环境造成污染。

8.20.2.5 生态保育措施

利用旋耕机对林地和田间杂草就地旋耕还田，种植绿肥，增加土壤养分。加强水土

图8-100 有机肥制作

保持措施，不过度开发，不乱挖、乱采，减少对现有植被的破坏；对植被稀疏区域进行适地果树和防风林栽植。不建设高大建筑，突出田园风光和生态特色，减少对当地景观风貌的影响，与周边环境相融洽。

8.20.3 综合效益

产品优质：农场养殖的西门塔尔肉牛，牛肉质量指标符合《绿色食品　畜肉》(NY/T 2799—2015) 要求。农、畜产品质量不断提升，目前正在申报牛肉、早酥梨、骏枣等的绿色食品认证。自产自用的生物有机肥经农业农村部产品质量检测，符合《生物有机肥》(NY 884—2012)，经甘肃省农药化肥产品质量监督检验站检验，产品质量达到《有机肥料》(NY 525—2012) 的标准，并已取得甘肃省肥料登记证。

生态效益：种植用地在逐年增施有机肥的情况下，从原有的沙漠地质转变为良田，从最初单一种植青贮玉米，发展到现阶段优质苜蓿、马铃薯、辣椒等多种农作物种植。经检测，农场种植的苜蓿草蛋白质含量在18%以上，比农户种植的苜蓿蛋白质含量高1.5%。

参 考 文 献

保罗·彼得森, 2018. 应对现代农业危机的农业生态学[J]. 中国乡村发现(1): 139-145.

戴振发, 2015. 小型种养结合生态家庭农场模式探究[J]. 中国农业信息(11): 133.

高尚宾, 李季, 乔玉辉, 等, 2018. 中国生态农场案例调查报告[M]. 北京: 中国农业出版社.

高尚宾, 徐志宇, 靳拓, 等, 2019. 乡村振兴视角下中国生态农业发展分析[J]. 中国生态农业学报, 27(2): 163-168.

国家市场监督管理总局, 中国农业大学, 2022. 中国有机产品认证与有机产业发展(2022)[M]. 北京: 中国农业科学技术出版社.

贺娟芬, 黄国勤, 2007. 近10年江西省生态农业发展定量评价[J]. 中国农学通报(7): 496-501.

黄国勤, 2019. 论生态农场建设与发展[J]. 农学学报, 9(4): 95-100.

贾金荣, 2005. 德国生态农业发展概况与政策[J]. 华南农业大学学报(社会科学版)(1): 76-78,84.

焦翔, 2019. 我国农业绿色发展现状、问题及对策[J]. 农业经济(7): 3-5.

金书秦, 牛坤玉, 韩冬梅, 2020. 农业绿色发展路径及其"十四五"取向[J]. 改革(2): 30-39.

李霞, 2015. 美国、德国生态农业法律制度建设及对中国的启示[J]. 世界农业(8): 102-105.

李学敏, 巩前文, 2020. 新中国成立以来农业绿色发展支持政策演变及优化进路[J]. 世界农业(4): 40-50, 59.

李雨, 2009. 美日农业立法原则及对中国的启示[J]. 世界农业(9): 4.

李哲敏, 信丽媛, 2007. 国外生态农业发展及现状分析[J]. 浙江农业科学(3): 241-244.

廖江威, 谭益民, 王一帆, 2020. 我国生态农场发展的现状和问题及展望[J]. 湖南农业科学(5): 104-107.

廖静, 刘振东, 廖倩, 2010. 我国生态农业发展现状及对策[J]. 现代农业科技(9): 319-321.

乔玉辉, 甄华杨, 徐志宇, 等, 2019. 我国生态农场建设的思考[J]. 中国生态农业学报, 27(2): 206-211.

沙月霞, 2017. 生物农药在稻瘟病防治中的应用及前景分析[J]. 植物保护, 43(5): 27-34.

孙黎康, 2016. 四川省生态农业绩效评价指标体系的构建[J]. 时代金融(23): 58, 62.

唐振闯, 卢士军, 周琳, 等, 2018. 德国畜牧业生产体系特征及对我国的启示[J]. 中国畜牧杂志, 54(12): 145-148.

王飞, 石祖梁, 王久臣, 等, 2018. 生态文明建设视角下推进农业绿色发展的思考[J]. 中国农业资源与区划, 39(8): 17-22.

王季, 2012. 坚持种养循环建设生态农场[J]. 中国农垦(8): 31-32.

于法稳, 2018. 新时代农业绿色发展动因、核心及对策研究[J]. 中国农村经济(5): 19-34.

张珂垒, 蒋和平, 相一华, 2009. 美国构建发展现代农业的政策体系及其对中国的启示[J]. 世界农业(8): 5.

周加来, 于璐娜, 刘从九, 等, 2019. 中国家庭农场发展研究报告(摘选)[J]. 中国合作经济(1): 26-33.

周芷锦, 穆琳, 2020. 三种抗生素替代物的研究进展[J]. 养殖与饲料(7): 4-11.